本书由北京第二外国语学院首都对外文化贸易与文化交流协同创新中心、首都国际服务贸易与文化贸易研究基地支持。

民间融资的刑法规制及司法现状

韩 阳／著

Criminal Regulation
for Private Financing in China

上海三联书店

目　录

前　言

　　我对于民间融资所引发的种种问题投入关注还是在十几年前的 2008 年了。那一年，我那曾在中国股市中丧失冷静，高喊着股市必破一万点的父亲由于被深度套牢而垂头丧气了很长时间；那一年，我的母亲在作为一名投资者多年转战于各种民间融资市场而血本无归之后，仍然"不思悔改"，把投资的失败归结于自己投资的时间点晚了；那一年，好友朱伟一先生出版了《金融制胜》，揭示了华尔街的各种资本运作内幕，探寻各种"金融创新"背后资本永恒不变的意图。而我则沮丧于作为一名法律人，却无法说服自己的父母，退出在当时的我看来"小民"不该参与的资本运作市场。

　　对于说服父亲，我一开始就觉得无能为力，因为对于股市，我自感没有发言权。而面对母亲，我眼看着她数年来从投资养老基地，到投资养梅花鹿，种植橄榄林，发展农林业产业链，中医技术研发，再到购买还未上市，也永远不可能上市的

"原始股"……,耗干了多年积攒的养老钱。我苦口婆心地劝她,可是母亲已经昏了头,不停地给我展示她所投资的领域多么具有发展潜力,利息和收益有多高,在她之前进入的投资者都大赚了一把云云。最离谱的是,她有一天神秘地跟我说,"你知道吗,慈禧留下了一个宝藏,现在正在筹措启动这个宝藏的资金,大家都在集资……"

母亲投资的企业在资金链断裂之后自然丧失了偿付能力,而奇怪的是,我发现众多投资者并未选择报案,而是成立了诸如"债权人委员会"之类的组织,展开了旷日持久的自力救济。他们认为,一旦报案,进入刑事程序,更是一分钱都拿不回来。然而,自力救济也没有什么效果,就我母亲而言,无论是其选择报案的投资,还是选择不报案的投资,均一分钱的本金都没有收回。

当时,P2P等新金融名词对民众而言还很陌生,《金融制胜》中的诸多"高端"资本运作似乎离这些打着兴办实业旗号的民间融资模式还有一段距离,无法拿过来直接套用。而我一直从事的刑事程序法研究也无法对诸多问题给出一个相对合理的答案。

2012年,我开始重拾刑事实体法的研究,自2013年起,我开始讲授刑法。这使我对民间融资可能引发的犯罪和相关理论逐渐有了更深层次的认识。然而,对于哪些融资行为应该被纳入刑法打击的范围,我依然心存疑惑,因为按照目前的刑法理论,追诉范围实在是很宽泛。就我母亲的例证而言,让我印象深刻的是,她对于一个被判处集资诈骗罪的企业主抱有深深的同情,迄今仍然认为他的经营理念是对的,别看一时失败,假以时日,一定能获得成功。这种对未来经营成功的猜测随着融资人的锒铛入狱,永远都无法证实了,但却加深了我对于刑法打击范围的困惑。

2017 年—2018 年之间,我作为访问学者在美国俄勒冈大学法学院学习,在此期间,我与同样进行刑事法研究的 Ofer Raban 教授就融资问题展开了长时间的沟通和交流。很多看似非常基础,但却非常关键的问题在这个过程中得以被重新梳理和讨论,比如:什么是市场? 银行和类银行机构的核心使命是什么? 企业经营中的自主权有哪些? 企业主是否能给自己定很高的工资? 如何界定正常经营行为? 以及民众对市场风险的责任承担和责任限度等问题。包括美国是否有类似于非法吸收公共存款以及集资诈骗的罪名,如果没有,用什么样的方式应对类似的民间融资行为? 这个讨论的过程对我帮助很大,仿佛给我打开了另一扇思维的大门。

2018 年下半年回国后,我开始尝试着接触实践中的集资类案件,这个过程是触目惊心的,尽管之前接触过相关数据,但司法实践中集资案件的受众之多,涉案数额之大,集资手段的不断升级换代都还是让我久久不能平静——在时隔十几年后,朱伟一先生所描述的"高端"资本操作已经呈现出了草根化和民间化的趋势,并且越演越烈,很多民间融资操盘手极低的教育背景是令人震惊的。我接触的犯罪嫌疑人和被告人中,很多都是底层业务员,也有一些中层工作人员,他们表现出的迷惑和迷茫,以及退赔过程中粗糙的数额认定也令我印象深刻。我觉得作为一名研究者,自己应该切切实实地做点什么。

我本人一直不喜欢貌似高深的研究进路,也厌恶在雾里看花的阅读过后或哑然失笑,或一无所得的研习过程。我始终认为,法学是一门实践的学科,法学逻辑是深邃的,但最本质的东西往往是最朴素的。因此,我的研究是从深入观察立法和政策规定,以及司法操作开始的,其间也涉及了很多普通而影响深远的法学基本知识。我力图展示这些常识性认知对融资市场产生的巨大影响。

研究的过程是辛苦的,尤其是一次次手动数据比对和数据变化观察的过程更是让我疲惫不堪,因为司法裁判数据总是动态变化的,每一次决定替换之前已获得的数据都要咬牙。但这个过程又是令人愉悦的,每有一点所想所得我就兴奋不已,抓着家人和同行讨论。

所有的研究都是一个自我对话以及与同行和未来读者对话的过程,我也不例外。感谢北京市昌平区人民检察院的王雪鹏检察官不厌其烦地回答我的各种问题,他的专业素养让我钦佩;感谢 Ofer Raban 教授,他是本研究英文版的第一个读者,为我的整体逻辑结构提出了重大调整的建议,针对每一个细节问题耐心地与我交流讨论。2020年对我而言工作繁重,压力很大,就在我夏天准备放弃对本研究的修改,将之"压箱底"时,还是Raban教授给了我巨大的鼓励,让我坚持这一研究。此外,在不知道多少次的讨论过程中,我也发现了很多中国学术研究中亟待纠正的误区性研究,比如"刑民交叉",比如有效辩护,希望在我未来的写作中能对这些问题予以厘清。

感谢北京第二外国语学院科研处王成慧教授的大力支持,感谢杨富斌教授的推荐,感谢上海三联书店的郑秀艳编辑,和她的每次沟通都是非常愉快而富有成效的。

在这里,我还要特别感谢魏娇阳和王雨浩同学,虽然我研究的目标是"妇孺皆可读",但当他们俩主动要求承担本书的勘校工作时,由于他们还是本科大三的学生,我一开始还是很不放心的。但让我惊喜的是,两位同学不仅勤勉认真,而且还就书中的诸多问题与我展开了对话,提出了不少有深度的问题。这样的学生让我对中国的法学教育再次充满了信心。

在整个写作和修改过程中,我所面临的另一个问题就是相关司法解释和规范的频频出台,这需要我不停地跟踪和更新内容。就在本书截稿的时候,刑法第十一修正案由草案变成了正式法律,将于2021年3月生效。而2020年12月21日召开的国务院常务会议又通过了《防范和处置非法集资条例(草案)》,明确了非法集资案件中各职能部门的分工,规定了调查处置中的强制措施,强化了监管问责。各种规章制度的频繁出台一方面说明国家对民间融资问题的关注度在不断增强,但另一方面也说明这成了一个令人头疼的老大难问题。我们还一直在路上。

2020 年 12 月 29 日于北京

引 言

目前在我国,随着经济的高速发展,各种传统和非传统的融资方式层出不穷。尤其对于自身资信较差,难以向银行贷款的大量中小企业而言,转向民间借贷成了一个必然选择(很多大型企业,当其认为银行借贷资本不足时也往往参与其中)。而在这种民间筹资的过程中,尽管不乏真实的商业行为,但是,近年来,利用民间筹资手段从事犯罪的也不在少数,其中,欺诈性集资的庞氏骗局花样百出,被牵涉其中的受害人和资金惊人。这已经不仅仅是个法律问题了,而且演变成了一种深层次的社会问题及政治问题。当下,这种集资所引发的问题已经越过了国界,蔓延到了海外,比如引发无数热议的瑞幸咖啡(Luckin Coffee)在美国的丑闻。由此引发了国外对于限制我国公司海外集资以及限制本土资本流入我国的立法讨论,同时引起了关于我国将如何对这类案件展开调查和处理的猜测。① 其实,我国在面对民间集资问题时,一向持严格控制态度,这也是大量民间集资行为入罪的重要原因之一,从目前的立法和司法状态而言,被入罪的民间集资行为有些是罪当其罚,有些却存在着是被扩大化打击了的可能性。

提及民间融资中的犯罪,人们往往会想到庞氏骗局。庞氏骗局最主要的表现形式是封闭式非净值理财方式②,这在我国也不例外,在集资方式和网络新金融深度结合的今天,某些P2P 产品成了典型的封闭式非净值或者非净值理财的代表。③ 在我国,对以庞氏骗局作为融资模式的刑法控制的主要罪名是西方大多数国家都不存在的非法吸收公众存款罪和集资诈骗罪。

本来,对于融资过程中的诈骗行为,应当直接采用诈骗类罪名进行处罚,但由于我国刑法设置集资诈骗罪的立法目的

---

① Alexandra Stevenson and Edward Wong, *Chinese Coffee Chain's Scandal Renews U. S. Calls for Oversight*, New York Times (April 30,2020).
② 资金运作模式是将资金运用在投资中所采用的组织形式与运作方式。资金进入理财产品,按照对退出和新入的约定、对资金运作后价值的披露约定的不同,资金运作模式在理财产品中可以分为开放式净值型、开放式非净值型、封闭式净值型、封闭式非净值型四种模式。宋常、马天平:《旁氏骗局、非净值型资金运作模式与中国资产管理业务》,载《当代经济科学》2003 年第 5 期,第 40 页。
③ 综合国内外的各种金融模式而言,尽管庞氏骗局很多是非净值型资金运作模式,但是非净值型资金运作模式并不一定是庞氏骗局。参见宋常、马天平:《旁氏骗局、非净值型资金运作模式与中国资产管理业务》,载《当代经济科学》2003 年第 5 期,第 40—51 页。

和西方打击庞氏骗局的目的不尽相同,尤其在这个罪名的设置之初,更注重的是维护政府对经济和金融的全面控制,特别是有关银行业务或类银行业务的活动以及民间资本两大方面的控制。因此,在我国刑法中,提到集资诈骗罪就必须提及非法吸收公众存款罪①,即当诈骗的目的不能证明或者立法及司法出于种种原因不愿意认定这一目的——比如为了维持社会和司法的稳定,但还存在国家认为会危及我国金融规制政策的融资模式时,可以转而适用非法吸收公众存款罪进行打击。事实上,非法吸收公众存款罪(刑法第 176 条)在法条顺序上置于集资诈骗罪(刑法第 192 条)之前,都归属于刑法第三章——破坏社会主义市场经济秩序罪——的类罪名之下,集资诈骗罪实际上是非法吸收公众存款罪的升级版,这两个罪名之间的主要区别点为是否具有非法占有的主观故意,而在当下的规范制度下,这一主观故意的证明很容易达至或者在起诉和判决说理过程中不被讨论。实际上,在几乎所有的立法规范和司法解释文件中,这两个罪名始终都处于高度并列状态,被统称为"非法集资犯罪",在法院和检察院的工作报告中也都会同时出现,高度交织;在我国,抛开这两个罪名中的任何一个谈论另外一个罪名都是不可能的。

　　另一方面,尽管成立集资诈骗罪的最常见模式是庞氏诈

---

① 实际上这个罪名针对的并非仅仅是存款,而是一切公众所持的资金,因此可能叫做"非法吸收公众资金"更为合适。

骗,但同样由于上述立法目的的原因,集资诈骗罪名所针对的行为范式却比庞氏骗局要广泛得多,其判定标准也并非仅仅以庞氏骗局中的若干指标为基准,比如以新投资者的投资支付旧投资者的本息,借此吸引更多的投资者;本身从事的商业行为从一开始就并不盈利等等,而是有一套自己的判断标准:这套标准除了非法占有的诈骗意图之外,更强调在未得到集资审批的情况下,募集资金的公开性和公众性。如果具备这种未经批准的公开性和公众性,但诈骗意图难以证明或无法证明时,非法吸收公众存款罪将代替性适用。

我国的集资诈骗罪和非法吸收公众存款罪首要关注点为是否存在向公众公开吸收资金的行为,其次是这种行为是否经过了有关部门的批准,但是否经过批准并非一个绝对的判断要素,形式合法但实质不合法的行为尽管仍然在打击范畴之内,但在实践中形式合法会成为一个强大的抗辩理由。庞氏骗局的判断要素只是在帮助确定是否具有诈骗的故意,进而在适用非法吸收公众存款罪还是集资诈骗罪之间做出选择。相反,如果在集资之前得到了有关部门的批准,即使在集资过程中使用的是庞氏骗局模式,也可能会导致不能适用非法吸收公众存款罪或者集资诈骗罪,当然,有可能会适用其他类型的诈骗类罪名①,或者洗钱罪等其他经济类犯罪的罪名。

① 我国刑法中和诈骗相关的罪名很多,比如诈骗罪(基准性诈骗罪名)(刑法第 266 条)、集资诈骗罪(刑法第 192 条)、贷款诈骗罪(刑法第 193(转下页)

进而言之,近年来,企业融资产品逐渐从实体产品转向金融产品,但企业无论是利用传统方式融资还是非传统方式融资,包含"庞氏骗局"要素中以旧还新要素的融资无非可以分为如下几种类型:

第一,企业创建的目的就是为了欺诈性集资,其向投资者描绘的经营业务其实并不存在或者根本不盈利,或者几乎不盈利,为了吸引更多的投资资金,用新投资人的钱偿还旧投资人的本息,资金链崩盘只是迟早的问题,这种类型完全符合庞氏骗局的模式。

第二,企业在面向公众的公开集资过程中,经营着盈利的合法业务,但同时利用庞氏骗局模式聚集资金,合法业务的盈利不足以偿付投资人本息,在这种情况下,偿付给旧有投资人的本息很难证明是来自新的投资款项还是合法业务的盈利,也即出现了混同状态,但由于偿付额度的不足,资金链的断裂也是迟早的事情,对这种不足性,集资人从一开始就有明知,其意图也是要侵占集资款,只不过用合法经营部分的业务作为掩盖。

第三,企业的集资目的完全是为了开展合法业务,只不过

(接上页)条)、票据诈骗罪(刑法第 194(1)条)金融票证诈骗罪(第 194(2)条)、信用证诈骗罪(第 195 条)、信用卡诈骗罪(第 196 条)、有价证券诈骗罪(第 197 条)、保险诈骗罪(第 198 条)、合同诈骗罪(第 224 条)等等。其中,集资诈骗罪的特殊之处就在于,其专门针对融资行为,而不考虑融资使用的是票据手段、保险手段还是其他手段。

最后经营不善，业务失败，但在经营不善的过程中，为了完成对投资人的还本付息承诺，并为了挽救出现败势的企业继续集资，不得已以新投资人的投资支付旧投资者的本息，最后资金链断裂（当然，也存在着犯意转化的可能，即在合法经营过程中，产生了新的侵占集资资金的意图）。

在如上三种情况能够得到完美证明的情形下（在实践中，这种证明并非总是能顺利展开），逻辑上，所引发的法律后果应该是不同的。但是在我国的司法实践中，却往往都被认定为集资诈骗罪或者非法吸收公众存款罪。由此，我国刑法实质上禁止所有的公开募集资金的行为，经有关金融监管部门许可除外。也可以说，对与银行吸收存款业务具有竞争关系的资金吸收行为，刑法一概禁止。另一方面，这两个罪名以一种怪异的方式起到了民事担保的作用，在实践中，非法吸收公众存款罪案件几乎都是因债务人举报而立案的。立案之后，很多犯罪嫌疑人惊慌失措，主动还款消灾。

这种立法模式和民间融资的巨大需求产生了极大的冲突，进而导致了刑事法和民事法立法的实施冲突，司法在两难之间左右摇摆。这种摇摆性一方面打击了企业那些本来应该受到保护的民间融资行为，另一方面也没能有效遏制住规模不断扩大的非法融资行为。同时，在近年来非法集资案件呈雪崩式爆发之后，被害人受偿制度的滞后性也加大了社会矛盾，形成了巨大的潜在性经济和政治危机。在这种压力下，司法判决的态度惊人地向西方很不熟悉的非法吸收公众存款罪倾斜。因为,和西方很多国家不同的是,我国的刑事立法将被害人列为与犯罪嫌疑人/被告人并列的当事人,并享有出庭权、律师帮助权等权利。这就带来了一个难题:诈骗类案件中都存在着被害人,如果认可集资诈骗中的投资人为被害人,被害人诉讼权利的行使过程可能会引发巨大的社会不安定因素。此时,非法吸收公众存款罪通过否定投资人的被害人地位,甚至将其作为违反金融管制的共犯进行犯罪追诉,强调投资人的自身过错,以削弱其赔偿诉求和诉讼权利的行使,从而以迂回的方式实现了社会安定,节省了司法资源。

因此,可以合理推论的是,非法吸收公众存款罪这一对于西方很陌生的罪名会成为我国在动用刑法惩治非法集资行为过程中的一个首要选择。

同样可以得出合理结论的是,我国目前作为世界第二大经济体,在现有的法律框架下,融资和投资环境具有较大的风险性,这必将对我国经济的进一步腾飞造成一定的负面影响。当然,有关部门已经意识到了这一点,加强了相关的金融监管,也取得了一些成效。但如果要从根本上解决上述冲突,必须进行更大力度的改革,而这种改革的进行乃至投资者们在现阶段的投资选择需要建立在对现有制度及其法律后果的充分了解之上。

本研究将分五章节展开如下讨论:

第一章介绍我国民间融资的发展历程，以及政府对民间融资的态度变迁，以此说明：1. 出于金融二元化状态，民间融资的需求切实存在，而且呈现出急剧上升态势，但现有的正常借贷路径完全无法满足这一不断增强的需求。2. 政府对民间融资一直处于严格管制状态，但经济发展的需求使得这种态度不断摇摆。3. 借贷的困难和借贷行为受到犯罪打击的风险反而不正常地推高了借贷利率，而高利放贷和收贷行为本身就有可能成立犯罪。4. 目前的金融规制状态下膨胀式发展的民间融资中的诈骗问题日益严重，并随着新科技和金融的发展向纵深演进。

第二章分析非法吸收公众存款和集资诈骗这两个高度胶着的犯罪的犯罪构成和立法及司法界定，分析其混同状态的成因及存在原因——共同维护金融业的高强度限控。而这种混同状态：1. 不仅使犯罪的打击面太大，从而威胁正常的商业活动；2. 有时还会迫使正常商业活动转向真正的犯罪；3. 而且还会让真正的诈骗行为有可乘之机，选择以融资方式进行诈骗反而成了诈骗活动的"避风港"，因为这些行为有可能只被认定为非法吸收公众存款罪，从而获得比一般诈骗类罪名更轻的刑事处罚。

第三章分析非法吸收公众存款罪和集资诈骗罪的唯一区别——"非法占有"目的——的证成方式，展现现有证成方式对这两个罪名之间界限的进一步模糊的司法实践状态。

第四章通过数据分析展现我国历年非法集资案件(包括非法吸收公众存款案件和集资诈骗案件)的走势,从中可以看出民间融资的风险以及犯罪演化的风险和规模,并分析司法裁判的态度和走势——结论是非法吸收公众存款罪是一个具有越来越高倾向性的定罪选择。但如果非法吸收公众存款罪和集资诈骗罪这两个罪名都同时具有维护金融管控的功能,而中间的界限又可以轻易跨越,为什么会出现这种定罪选择的走势呢?

第五章详细分析出现上述定罪走势的原因和影响要素,比如投资人法律地位的认定、共犯的界定范围、投资人地位对集资数额认定的影响以及集资款返还的困难对定罪态度的影响。通过上述对定罪影响因素的分析,展现出非法吸收公众存款罪相对于集资诈骗罪而言的几个重要的独特功能:稳定投资人的情绪,减少投资人的赔偿诉求,稳定司法和社会秩序。

我国民间借贷模式的变化

我国企业,尤其是中小企业,在发展过程中对金融支持的需求与其向商业银行贷款的困难始终是一个矛盾。中小企业由于处于相对弱势地位,往往更需要金融政策的支持,但是商业银行的贷款目标往往是还款能力强、有充足资产的大中型企业。我国对国有经济和民营经济一直实行差异化的信贷管理,这种"金融二元主义"①引致的国有金融资金供给与民营企业信贷需求的制度错位,为民间金融发展提供了内在动力。供需上的极度不均衡,催生了民间借贷行为,民间金融行业也随之兴盛起来。正是庞大的非正规金融推动了我国经济的高速增

---

① 关于"金融二元主义"的论述,可参见 Alfred Ouma Shem and Rosemary Atieno, *Financial Dualism And Financial Sector Development In Low Income Countries*, 25(4) Savings and Development 413,413 – 438(2001), https://www.jstor.org/stable/25830774? read-now＝1&.seq＝1＃page_ scan_tab_contents。

长。① 但民间借贷背后所依赖的并非银行信用,而是长期形成的宗族文化或者个人或企业自身的信用。② 随着民间借贷经济体量的增大,我国金融市场化的进程却没有及时跟上,加之监管制度发展不足,使民间借贷成了演变成非法集资的温床。③

一、合会互助借贷模式

企业的发展与资本之间的运作关系一直都是存在的,我国早期民间借贷以"合会"为主要代表形式,英文可以翻译为"Rotating Savings and Credit Association"(ROSCA)。它是协会内部成员的一种共同储蓄活动,也是成员之间的一种轮番提供信贷的活动。是成员之间的资金互助,同时涉及了储蓄服务和信贷服务。④ "合会"属于历史上持续时间较长的民间借贷方式,起源于我国唐宋时期,在清代已十分盛行,是清

---

① 参见 Frank Allen, Jun Qian, Meijun Qian, *Law, Finance, and Economic Growth in China*, Journal of Financial Economics, 2005,77(1): 57 - 116. 这篇文章认为,我国经济高速增长的原因,不能简单地从目前的法律制度和金融发展水平来解释分析,而应该从巨大的非正规金融部门角度来分析解释。

② 参见李世财:《"金融二元主义"框架下民间金融的风险解构》,载《江西社会科学》2013 年第 11 期,第 62—64 页。

③ 王利宾:《民间融资风险化解研究》,载《河南教育学院学报》(哲学社会科学版)2016 第 4 期,第 51 页。

④ 参见百度百科"合会"词条。https://baike.baidu.com/item/合会/8057918? fr=aladdin。

代民间金融的一个重要组成部分,到了民国时期,"合会"的发展也到达了顶峰,数量之多,规模之大,在国内已属于民间较为普遍的资金融通方式。[1]　任何一个合会都是遵循一套简单规则:一个自然人作为会首,出于某种目的(比如孩子结婚上学、造房子、买生产原料等等)组织起有限数量的人员,每人每期(每月、每隔一月、每季、每半年、每年等)拿出约定数额的会钱,每期有一个人能得到集中在一起的全部当期会钱(包括其他成员支付的利息),并分期支付相应的利息。谁在哪一期收到会钱,由抽签或者对利息进行投标等方式来确定。[2]　合会不是一个永久性组织,在所有成员以轮转方式各获得一次集中在一起的会钱之后,一般即告终结。[3]

　　合会作为一种古老的民间资金融通形式,至今在许多地方依然存在,其中福建、浙江、江苏、广东等东南沿海地区尤为流行。[4]　而对于合会是否合法的争论在学界和司法实务界也

---

[1]　参见郑启福:《中国合会法律问题研究》,福建师范大学博士学位论文,2010年,绪论。

[2]　从这一点而言,最初的"互助会"形式的合会会员可能分得的利息是不固定的,属于净值型资产运作模式,这一点不符合典型的庞氏骗局特征。此外,尽管在以利息竞标形式决定当期会费使用的过程中,会出现虚高的利息承诺,但整体而言,利息仍然是不固定的。

[3]　参见百度百科"合会"词条。https://baike. baidu. com/item/合会/8057918? fr=aladdin。

[4]　郑启福:《中国合会法律问题研究》,福建师范大学博士学位论文,2010年,绪论,第1页。

一直没有停止。比如,周凯认为,合会活动吸纳了大量的民间资本,使得监管部门无法对这些资金进行监管,削弱了国家掌握和控制金融秩序的能力。[1] 这个观点显然是以传统金融抑制政策为导向的。反驳意见认为,合会是一种民间商事习惯,没有违反我国《民法通则》《合同法》《物权法》等民事法律的内容,弥补了国家金融制度的不足,对地方经济的发展起到了积极的促进作用。[2] 而在对合会的刑事法律风险的评估方面,该学者认为,合会虽然兼具储蓄和信贷的功能,但是,其运行方式具有封闭性的特点,其吸收资金的对象具有特定性,一般为家人、亲朋好友等特定的人员,不符合非法吸收公众存款或变相吸收公众存款的公众性和公开性等特征。涉及犯罪的都是合会的变异表现。[3] 此外,其也不属于《商业银行法》及国务院《非法金融机构和非法金融业务活动取缔办法》中所称的"非法金融机构",因为合会成员之间并没有形成严格意义上的组织,他们仅仅是为了信用互助而临时聚集起来的集体,依靠信任机制和互助机制发挥作用,其目的在于为会员服务,不对外从事经营活动。应认定为双方或多个双方合同行为。[4]

---

[1] 周凯:《民间"标会"案件实务研究》,载《法律适用》2003 年第 8 期,第 56—58 页。

[2] 参见郑启福:《中国合会法律问题研究》,福建师范大学博士学位论文,2010 年,第二章第三节,第 67—69 页。

[3] 同上论文,第 70 页。

[4] 同上论文,第 71 页。

但合会的风险一直都存在,且很容易发展成为大规模集群性的投机性合会,俗称"抬会"。1989 年前后,很多"抬会"的目的已经产生明显的变化,开始出现"投资"性质,"会长"开始以高额返利的承诺吸收民间资本。[①] 这已经符合了庞氏骗局的基本格局。

但即便面临着被归罪的巨大风险,合会以及升级版的抬会仍然在蔓延。以福建省福安市为例,当地合会的历史已经上百年,新中国成立之后,合会沉寂了一段时间。自 1980 年代起便重新开始活跃,其中 2004 年参加标会的居民估计占当地家庭总数的 80％多。[②] 浙江省台州市三门县下道头村的抽样调查表明,2006 年前后,当地合会的参与率高达 85.5％。[③]

研究表明,政府在标会发生规模性倒会之前,一般不会主动介入标会活动,对标会活动采取默认的态度。在标会发生大规模倒会时,政府才会介入处理。[④] 其中的原因是不言自明的:由于目前立法态度的不明朗,也没有明确将合会纳入公司

---

① 于颖、刘东旭:《温州"抬会"现象的历史沿革及启示》,载《科技视界》2011 年第 26 期,第 56 页。

② 北望:《福安亿元民间标会崩盘调查》,载《21 世纪经济报道》,2004 年 6 月 17 日。

③ 刘民权:《中国农村金融市场研究》,北京:中国人民大学出版社,2006 年版,第 262 页。

④ 郑启福:《中国合会法律问题研究》,福建师范大学博士学位论文,2010 年,第二章第三节,第 64—66 页。

化运营及银行监管等金融监管范畴,合会的传统运行模式与非法抬会运行模式交错,由于往往人员众多、金额较大,政府担心在资金链自然断裂之前提前介入会加速合会的垮台,提前激化矛盾。

法律和执法在面对合会这种古老而弥新的融资模式所表现出的态度非常具有代表性,可以说这种态度普遍存在于所有民间借贷模式之中。

二、民间借贷融资模式发展整体路径及规制

根据《最高人民法院关于审理民间借贷案件适用法律若干问题的规定》(法释【2015】18 号)第 1 条的规定:"民间借贷主要指自然人之间、自然人与法人或其他组织之间,以及法人或其他组织相互之间,以货币或其他有价证券为标的进行资金融通的行为。经金融监管部门批准设立的从事贷款业务的金融机构及其分支机构,发放贷款等相关金融业务,不属民间借贷范畴之列。"因此,我国的民间借贷,理论上是指自然人、法人、其他组织之间及其相互之间的资金融通行为,这种行为不是经过金融监管部门批准设立的从事贷款业务的金融机构及其分支机构进行的,在语意上与民间融资高度重合。①

---

① 因此,在本研究中,"民间借贷"一词将与"民间融资"一词交替使用,仅仅存在强调重点的细微差别。

简单来说就是游离于官方金融体制之外的金融。民间借贷作为正规金融的有益补充为我国经济的发展发挥着独特的作用,但在我国的发展之路并非一路顺畅,我国对待民间借贷的政策经历了多次反复,而民间借贷在政策的夹缝之中并未消失,反而逐渐发展、繁荣,但庞氏骗局特征也日益明显。

根据融资的行为模式,民间借贷融资可以分为直接融资和间接融资。直接融资主要指集资者为了自身经营之用而吸收公共资金。间接融资是指集资者吸收资金再用于投资。[①] 其中,直接融资的特征是:没有金融中介机构介入的资金融通方式。在这种融资方式下,在一定时期内,资金盈余单位通过直接与资金需求单位协议,或通过在金融市场上购买资金需求单位所发行的有价证券的方式,将货币资金提供给需求单位使用。[②] 由此,直接融资的方式很多,既包括应该属于证券法管辖的未经许可擅自发行股份或者债券的行为,也包括不以销售股票或债券等有价证券为名,直接向投资人以承诺回报的方式要求投资人投资或借款,并未将出资人的权益标准化或份额化,同时所筹资金仍然用于集资者自身经营

---

① 张洪成:《非法集资处置的困境与应对思路》,载《东北农业大学学报(社会科学版)》2018 年第 3 期,第 37 页。
② 搜狗百科,"直接融资"词条,https://baike.sogou.com/v433059.htm?fromTitle=%E7%9B%B4%E6%8E%A5%E8%9E%8D%E8%B5%84。

的直接借贷行为。而在间接融资过程中，资金的供求双方不直接见面，他们之间不发生直接的债权债务关系，而是由金融机构以债权人和债务人的身份介入其中，实现资金余缺的调剂。拥有暂时闲置货币资金的个人或机构通过存款的形式，或者购买银行、信托、保险等金融机构发行的有价证券，将其暂时闲置的资金先行提供给这些金融中介机构，然后再由这些金融机构以贷款、贴现等形式，或通过购买需要资金的机构发行的有价证券，把资金提供给这些个人或机构使用，从而实现资金融通的过程。[①] 因此，当集资者吸收资金再用于投资时，集资者实际承担了金融中介的功能，很容易形成"影子银行"行为，如涉及类似银行的业务，应该以银行法进行规制。[②] 也就是说，在民间融资过程中，间接融资的违法风险很大，"现实中许多网络融资平台将融资项目包装成理财产品出

① 搜狗百科，"间接融资"词条，https://baike.sogou.com/v75961.htm?fromTitle＝%E9%97%B4%E6%8E%A5%E8%9E%8D%E8%B5%84。
② 2018 年之前，我国的金融监管格局是"一行三会"（这个业内称谓起源于2003 年），即中国人民银行、中国银行业监督管理委员会、中国证券监督管理委员会和中国保险监督管理委员会，一行三会均实行垂直管理。由于我国金融业出现了混业经营加速发展的趋势，分业监管跟不上混业经营的需要，而在混业经营中，间接融资的银行和保险融合比较深，因此，2018 年 3 月，全国人大第十三届一次会议通过《国务院机构改革方案》，将中国银行业监督管理委员会、中国保险监督管理委员会合并为中国银行保险监督管理委员会，连同之前成立的金融稳定发展委员会，至此"一行三会"调整为"一行两会"。"三会"合并为"两会"实际上是把间接融资和直接融资分开，可以更加有效地监管和服务。

售,甚至采取先吸收资金、再寻找需要融资对象等方式,利用出资人资金形成资金池的典型间接融资,对这些行为,现在一般认定为非法吸收公众存款罪;而对于其中再夹杂虚设标的、非法占有集资款等事实的,则一般处以集资诈骗罪。"①不过,我国对于非法吸收公众存款和集资诈骗的认定并没有区分集资者的行为是直接融资还是间接融资,而是采取了无区别打击的政策,这种立法当然是以传统金融抑制政策为导向,但是,其不但不能适应现代市场经济发展的需求,而且压缩了中小企业非正式民间金融渠道,无法有效地区分合法借贷与非法集资的界限,无异于固化金融抑制与金融垄断格局。

当下,我国民间借贷持续处于由直接融资模式向间接融资模式变形的趋势之中,风险不断加大,越来越呈现出庞氏融资的特征。整体而言,我国的民间借贷市场走过了如下路径,并始终处于不同程度的金融压制和被作为犯罪进行打击的风险之下:

1. 初期的关系型借贷模式

我国唐朝之前的民间借贷一直以简单的民间自由借贷形式存在,唐朝以及明清期间出现了一些专业的民间金融机构。中华人民共和国成立初期一直到 1970 年代末改革开放之前,

---

① 张洪成:《非法集资处置的困境与应对思路》,载《东北农业大学学报(社会科学版)》2018 年第 3 期,第 37 页。

民间借贷遭到公有制经济体制的打压，一直没有发展起来。零星的民间借贷大都用于生活上暂时性的资金短缺，其活动范围与规模狭小。① 改革开放初期的民间借贷仍然大多属于关系型借贷，借贷双方之间一般具有亲属、朋友、熟人等关系，双方都较为了解或者能够通过其他关系轻易了解彼此，因此信息不对称问题并不明显。② 从前述合会重新抬头的时间——80 年代初期来看，这个时期这种基于熟人关系的有限范围的借贷既包括直接融资，也包括合会这样的间接融资，而合会的模式和日本的日本轮转基金组织（Mujin-ko）初期的运行模式非常相似。③ 总的来说，这个时期金融的高度国家垄断限制了民间资本的发展，民间借贷即使存在，规模和所涉及的资金都不大。

2. 1980 年代前后的民间借贷

随着改革开放的深入，从上个世纪 80 年代中期开始，民营企业的发展和金融管制态度的持续产生了深刻的冲突。一方

---

① 李丽丹：《我国民间借贷发展及演化研究——基于金融不稳定假说视角》，陕西师范大学经济学硕士学位论文，2014 年，第二章，第 11 页。
② 王建文、黄震：《论中国民间借贷存在的依据、问题及规制路径》，载《重庆大学学报（社会科学版）》，第 26 页。
③ 关于 Mujin-ko 的介绍，可参见王建文、黄震：《论中国民间借贷存在的依据、问题及规制路径》，载《重庆大学学报（社会科学版）》，第 28 页；于秋芳，衣保中：《日本民间金融组织"报德社"的兴起、特征及其作用分析》，载《农业考古》2009 年第 3 期，第 314—317 页。后来该组织演变成了区域性互助银行（mutual bank）。

面,国家渐渐放开对民间资金流动的管制;①另一方面,由于我国金融管制和对国有企业的大幅度偏向,伴随着资金需求的急剧上升,中小企业正规借贷途径越来越难。② 小型金融机构,比如典当行、小额贷款公司、信贷担保公司,小型商业银行等等,尽管难以获得批准,但仍然在这个时期得到了一定程度的发展。改革开放后带来的是市场经济的快速发展,市场需要在垄断资本的夹缝中生存,因此借贷大规模转向民间。但总体而言,此阶段民间借贷利率在合理区间发展,借贷时间短的特点突出,资金用途主要用于弥补实体经济的流动资金不足,信誉状况总体良好,违约率较低。③

3. 本世纪的民间借贷模式

20 世纪末,政府和中国人民银行开始加大对民间金融组织和活动的管制力度,但很快,2002 年后我国经济进入稳定发展阶段,民间借贷再度活跃起来。之后的民间借贷呈现出如

---

① 1984 年中央 1 号文件明确指出:"允许农民个体的资金由地或有组织地流动,不受地域限制。"1985 年 1 月中共中央、国务院发布《关于进一步活跃农村经济的十项政策》,提出"适当发展民间信用"。

② 四大国有银行至少 70％以上的贷款都流向了国有企业。参见王春宇:《我国民间借贷发展研究》,哈尔滨商业大学产业经济学博士学位论文,2010 年,第 1 页;有关中小企业长期遭受正规金融系统的"所有制歧视"和"规模歧视"的论述,可参见沈伟:《中小企业、企业家精神和法律——基于立法效果的实际考察》,载《地方立法研究》2018 年第 3 期,第 12 页。

③ 参见李丽丹:《我国民间借贷发展及演化研究——基于金融不稳定假说视角》,陕西师范大学经济学硕士学位论文,2014 年,第二章。

下特征：

第一,民间借贷总量①增长迅速。② 2003 年中央财经大学对我国 20 余个省市进行了实地抽查,推测全国地下信贷的绝对规模在 7450—8300 亿之间,占正规金融机构贷款业务增加额的比重近 30％,农业部农村经济研究中心农村定点观察站的数据显示,2003 年全国农户户均借款来源中,来自银行及信用社的贷款只占 26％,而来自私人的贷款则占 71％。③ 2009、2010、2011、2012 年我国民间借贷的总量约是 2.1 万亿、3.2 万亿、3.8 万亿、4 万亿。④ 西南财经大学中国家庭金融调查与研

---

① 从 2010 年开始,人民银行调查统计司受命从金融机构资产端研究编制新的金融统计指标。最终,央行网站上出现了社会融资规模的指标。但这里的社会融资规模被定义为:"一定时期内(每月、每季或每年)实体经济从金融体系获得的资金额"。但社会融资这个概念完全和民间融资无关,既不包括金融部门相互之间的融资,也不包括民间不通过正规金融中介的借贷(参见中国人民银行行长周小川:社会融资正规军不包括民间融资,《21 世纪经济报道》2011 年 12 月 16 日,http://stock.jrj.com.cn/2011/12/16061111846766.shtml)。此外,P2P 等新网络融资数量也没有被包括在内。

② 有研究针对南方比较有代表性的浙江省进行过估算,认为 2008 年国际金融危机前后,浙江民间金融均出现过规模负增长的情况,在当时我国经济下行压力下,在 2015 年达到峰值的 11200 多亿后,2016—2017 年,浙江民间金融规模也有明显回落,但总量依然惊人。2017 年浙江民间金融规模达到 8742.60 亿元,占到全体居民当年可支配收入的 41.77％。参见朱海城:《民间金融规模的测算与分析——基于 2000—2017 年浙江数据的实证研究》,载《新金融》2018 年第 7 期,第 57 页起。

③ 社论:《"草根信贷":疏好于堵》,载《国际先驱导报》,2005 年 7 月 4 日,http://news.sina.com.cn/c/2005-07-04/11577125967.shtml。

④ 董贺新:《中国民间借贷现状分析》,载《产业与科技论坛》2018 年第 5 期,第 101 页。其中 2011 年的数据还可参见中金公司制作的:《中(转下页)

究中心 2013 年发布的《银行与家庭金融行为》调查结果显示，该年度我国民间借贷参与率高，有 33.5% 的家庭参与了民间借贷活动，借贷总额达 8.6 万亿元。[①] 之后年份的数据由于相关研究的缺失很难得到相对可靠的估计[②]，但是从各年度的民间借贷案件量分析也可见一斑，对此，笔者将在本研究的第四部分展开。在这么庞大的民间融资数字面前，可以预估的是，在当下我国对民间融资科学规范不足，相关刑事罪名打击面过宽的语境下，加上其自身具有高利性、便捷性、低担保甚至

（接上页）国民间借贷分析》，https://wenku.baidu.com/view/2e631059be23482fb4da4cba.html。但是在这些数据中，包括之后年份的数据，民间借贷是狭义的直接融资性质的民间借贷，与典当行、小额贷款公司、信贷担保公司等相区分。如果包括通过中介机构进行的间接融资性借贷，我国民间借贷规模应在这些数据之上。

① 东方财经，2013 年 7 月 5 日，http://finance.eastday.com/eastday/finance1/m/20130705/u1a7500688.html。

② 即使是之前年份的估算笔者认为在某种程度上也是不准确的，这是因为，在当下我国的刑事司法体系下，如果一项民间借贷被认定为犯罪，其所涉及的金额会由于被归为犯罪数额，从而不纳入民间借贷的数额计算当中。当然，出于民间金融的隐蔽性，统计数据往往不全或缺失，致使民间金融的规模测算只能是大致的估算，测算的方法不同，测算的结果也往往不同。而且，大多数的测算都呈现出狭窄的地域性或有限的人群性。比如：易远宏：《我国农村民间金融规模测算：1990—2010》，载《统计与决策》2013 年第 11 期，第 126 页起；彭芳春：《武汉市民间金融的规模测算及对经济贡献的实证研究》，载《海南金融》2010 年第 6 期，第 69 页起；欧文：《民间金融规模测算及其规范发展研究——基于湖南株洲的实证分析》，载《金融经济》2013 年第 5 期，第 30 页起；李建军：《中国未观测信贷规模的变化：1978—2008 年》，载《金融研究》2010 年第 4 期，第 40 页起。

零担保的特点①，无疑，引发犯罪的风险极高。

第二，民间借贷的利率抬高，高利贷大规模出现。2008年后，我国实行宽松的财政政策或货币政策，资产价格不断上涨，在利益的驱使下，民间借贷资金大量涌入投机性资产市场上，借贷利上升。然而随着宽松政策的退出，资产价格回落，预期中的高额收益化为泡影，导致了企业资金链的断裂。② 孙维毅对平凉民间借贷市场的调研表明，2012年个人民间借贷年利率在20％以上，贷款公司、财务公司、投资公司放贷年利率在32％以上，典当行放贷年利率在40％以上。③ 此外，据监测数据显示，2011年8月，温州地区民间借贷综合利率达到25.4％，通过社会中介融资的利率更高，平均超过30％。④ 随

---

① 这一特点在民间借贷中是毋庸置疑的，也是其相对于正规金融机构的一个优势，在东南沿海非常普遍。而张晓艳、罗剑朝的一份对128名陕西省大荔县农户进行的进行调查，以及一份针对河南的研究也提供了中部地区集资特征的佐证，参见张晓艳、罗剑朝：《西部农区农户民间借贷现状与对策——基于陕西省大荔县128户农户的调查》，载《经济纵横》2007年第7期，第37—39页。马赛：《河北农村民间金融发展研究》，河北经贸大学金融硕士论文，2012年。任芳玮：《河南省民间借贷发展间问题研究》，河南师范大学经济法学硕士论文，2014年。

② 参见赵新军：《中小企业融资与民间借贷协同化研究——以温州地区为例》，载《西南民族大学学报（人文社会科学版）》2012年第5期，第146—151页。

③ 孙维毅：《我国民间借贷法律规制研究》，甘肃政法学院民商经济法硕士学位论文，2012年，第5页。

④ 数据根据中国人民银行温州市中心支行发布的温州市民间借贷监测利率得出。参见新闻：《温州民间借贷率回落明显》，凤凰网转载《浙江日报》2012年5月17日新闻，http://news.ifeng.com/c/7fc9w3Dw7wf。

着融资政策偏紧，"民间借贷的利率出现畸高，这是之后危机产生的主要原因之一"。[①] 这个时期出现了很多商业破产现象，其中不乏携款跑路的，或者本身就借用集资兴办实业名义形成资金池，进行诈骗的。曾经轰动一时，至今仍然引发热议的所谓十大非法集资案件大多发生在 2008 年前后，但从这些案件的集资手段来看，很多还是集中于直接融资手段。[②]

　　第三，高利的诱惑使很多人看到了商机，趁着金融监管的

---

① 参见范建军：《我国民间借贷危机形成的原因和对策》，载《经济纵横》2012年第 4 期，第 26—29 页。

② 比如，2008—2012 年司法程序跨越 4 年的吴英非法集资案，https：//baike. sogou. com/v71487553. htm? fromTitle ＝％ E5％ 90％ B4％ E8％ 8B％B1％E6％A1％88；曾成杰集资诈骗案（房地产商曾成杰为完成中标的政府建筑项目，从 2003 年 11 月至 2008 年 8 月，先后将集资利率从月息1.67％逐渐提高至 10％，资金链断裂后继续集资，涉及非法集资总金额34.52 余亿元，集资涉及人数 24238 人，累计 57759 人次，造成集资户经济损失共计 6.2 亿元），https://www. chinacourt. org/article/detail/2013/07/id/1025333. shtml；正菱集团非法吸收公共存款案，（2017）桂 02 刑终464 号（该公司创始人、董事局主席廖荣纳曾经是当地第一个"胡润百富榜"上的富豪）；顾春芳集资诈骗案，（2016）苏刑更 383 号（其经营煤炭生意，从 2003 年开始集资，2008 年资金链断裂，之后继续集资，至 2012 年共计集资约 17.68 亿元）；季文华、季林青、季永军集资诈骗案，浙江省高级人民法院，（2012）浙刑二终字第 107 号刑事判决（从业项目为房地产开发，2003 年至 2008 年 7 月，以 15‰至 90‰的月利率向社会公众集资，总计集资额 55.69 亿元）；温州立人教育集团有限公司（"立人集团"）非法集资案，（2014）浙温刑初字第 76 号（1998 年开始集资，但对象是内部职工，2005 年开始向社会集资，至 2011 年，集资总金额近 52 亿元，除已支付的 35.13 亿元本息之外，尚余 16 亿元资金不能支付）。由于这些案件中涉及死刑复核程序，因此死刑复核的裁判文书属于不公开的文书系列。

混乱局面,自我经营性借贷开始向着盈利的间接融资方向演进。① 1980 年中期开始,民间借贷就开始了准组织化发展的进程,形式呈现多元化,出现了私人钱庄和典当行等。但同时民间借贷区域发展不平衡,在民营经济较发达地区、非正规金融欠发达地区,发展速度较为迅速,尤以东南沿海为甚。② 东南沿海的地下钱庄也是伴随着这一趋势兴盛起来的。③ 无疑,不发达地区金融体系的缺失在这个过程中起到了较大的助推作用。正如有学者曾指出的,自 1998 年以来,很多商业银行,尤其是国有商业银行,为了降低经营成本,提高效益,对营业网点展开了大规模的调整,在落后地区裁撤网点,这些银行"多将网点设立在经济较为发达的大城市,大量撤并了县域一级的金融机构尤其是落后地区的网点,并对非盈利县区及不

---

① 社论:《民间借贷由直接融资向间接融资变形,风险加剧》,载《理财中国》 2012 年 5 月 7 日,http://finance. china. com. cn/moneychina/money/bank/yhyw/20120507/338359. shtml。

② 参见李丽丹:《我国民间借贷发展及演化研究——基于金融不稳定假说视角》,陕西师范大学经济学硕士学位论文,2014 年,第二章。

③ 地下钱庄多出现在外向型经济较发达的沿海地区,进行非法外汇交易的大部分是企业。原因是这些企业对外汇的需求量很大,但由于国家实行外汇管制,通过正常渠道得到的外汇数额有限。而且,按合规程序,外汇从申请到真正能够使用,需要经过几个月甚至更长的时间和繁琐的手续。地下钱庄的非法交易手续简单,费用低廉,地下钱庄主要分布在浙江、江苏和广东等民营经济发达地区,而其中又以义乌这个私营经济之都最为兴盛。参见百度百科,地下钱庄词条,https://baike. baidu. com/item/地下钱庄/1526928? fr＝aladdin。

良贷款占高比例地区的信贷投放实行严格控制,而这些地区的信用社、邮政储蓄机构又难以满足当地非公有制经济主体的资金需求,这也是造成部分地区民间融资兴旺的一个重要原因。尽管自2008年上半年银监会要求大型商业银行现有县域机构原则上不再自行撤并,但我国部分地区金融体系主体缺失的情况仍较严重,直接加剧了民营企业融资困难的局面。"①

在这个发展过程中,我国政府也开始重视金融垄断的弊端,力图引导这些民间资本向健康良性发展。比如,对典当业放松管制,②发展由民间借贷中介转变而来的小额贷款公司。2008年5月,《中国银行业监督管理委员会、中国人民银行关于小额贷款公司试点的指导意见》出台,标志着小额贷款公司在我国的试点全面铺开。2012年3月,国务院设立温州市综合改革试验区,鼓励民间资金发起设立或参股村镇银行、贷款

---

① 参见刘鑫:《论民间融资的刑法规制》,华东政法大学刑法学博士学位论文,2012年,第一章,第13页。

② 典当业在1978年十一届三中全会后恢复经营,1995年公安部发布了《典当业治安管理办法》(公安部第26号令),1996年4月中国人民银行颁布了《典当行管理暂行办法》,明确典当机构为非银行金融机构,由公安部对典当业进行监管。2000年以后,为适应金融体制改革要求,经国务院同意,中国人民银行将典当行作为特殊的工商企业移交原国家经贸委统一归口管理。2001年8月,原国家经贸委根据典当业发展的情况,制订并颁布了《典当行管理办法》(国家经贸委令第22号)。2003年机构改革后,典当业的监管划归商务部负责。2005年商务部、公安部发布《典当管理办法》(商务部、公安部(2005年第8号令)),《典当行管理办法》(国家经贸委令第22号)、《典当业治安管理办法》(公安部第26号令)同时废止。

公司、农村资金互助社等新型金融组织,①意在将已经中介化和盈利化的集资者向金融机构或准金融机构的方向引导,并对达不到标准的直接融资性民间借贷进行监控。② 但是由于地方立法权的有限性、民间借贷登记备案制度得不到广大借贷者的支持和配合、监管渠道有限等原因,这些试点并不成功。③ 借贷资本高利贷化倾向严重,经济市场中企业经营从投资化转为投机化。民间借贷原有的金融本质,即信贷形式,也转化为投机形式,企业主将自己的自有资金中的大部分拿出来转战民间借贷,而不是进行产业化转型升级。用于实体经济经营的资本所占比例相应减少。民间资本,特别是温州、鄂尔多斯资本,转战于房地产、煤矿甚至钱生钱的游戏之中,成为这种现象的突出表现。④ 隐藏于合法民间借贷之中的非法

---

① 参见《浙江省温州市金融改革试验区总体方案》(银发〔2012〕188 号)。
② 在我国目前严格管制的金融体制之下,民间借贷普遍的合法性得不到承认,只能通过法规、政策等规定对个别形式予以认可。这样就限制了民间借贷具有的创新特点,因为当局的认可总是落后于其现实的存在。就像温州金融改革中所体现出来的一样,改革总体方案中提出要鼓励民间资金参与设立新型金融组织,但仅对其三种形式作了列举,然而民间借贷形式除了村镇银行、小额贷款公司、农村资金互助社这三种形式之外还有很多,诸如会、合作社、私募基金、产品供应商、P2P 平台等等。
③ 参见王建文、黄震:《论中国民间借贷存在的依据、问题及规制路径》,载《重庆大学学报(社会科学版)》2013 年第 1 期,第 28—31 页。
④ 鄂尔多斯民间借贷在温州民间借贷后成为了金融界热议的话题,"鄂尔多斯民间借贷危机""温州私营企业老板跑路"等新闻事件充斥网(转下页)

集资形式越来越多样化,政府被迫高度关注。其实,早在2010年颁布的《最高人民法院关于审理非法集资刑事案件具体应用法律若干问题的解释》第二条中,最高法就列举了常见的可能出现的非法集资的方式,这些列举可以综合为三个类型:

第一类是假直接投资项目。比如,在房产界中以返本销售、售后包租、约定回购、销售房产份额等方式;以转让林权并代为管护、以代种植(养殖)、联合种植(养殖)等方式非法吸收资金的。例如,2004—2007年期间,营口东华集团以发展养殖蚂蚁为名,承诺高额回报,投资者以租养或代养方式,以每组1万元的价格购买汪某某提供的蚁种,汪某某承诺以35%～80%的年利息回收蚂蚁,每37天返还本息一次,分10次返清本息。非法集资近30亿元。这类案件是以直接融资方式进行的犯罪。①

第二类是假间接投资。比如,不具有发行股票、债券的真实内容,以虚假转让股权、发售虚构债券等方式;不具有募集

(接上页)络。比如:新闻:《鄂尔多斯信贷危机连环雷 民间借贷2000亿爆发》,载《理财周报》2012年9月3日,http://www. sinotf. com/GB/Treasury/1191/2012-09-03/1OMDAwMDEyNTI1OQ. html;新闻:《鄂尔多斯民间借贷危机爆发 大量房产腰斩价急售顶账》,载《上海证券报》2013年10月31日,http://www. wyzxwk. com/Article/jingji/2013/10/308187. html。

① 新闻:《打击非法集资典型案例选登:辽宁营口东华集团蚂蚁养殖集资诈骗案》,人民网2013年5月16日,http://roll. sohu. com/20130516/n376142721. shtml。

基金的真实内容,以假借境外基金、发售虚构基金等方式非法吸收资金的。

第三类是利用民间"会""社"等组织非法吸收资金的。

以司法解释的方式如此详细地列举犯罪手段的做法在大陆法系的我国并不常见,从这些列举就可以窥见当时民间借贷中资金链断裂所涉及行业的广泛性和严重性,庞氏骗局特征日益明显。但这些规定并未遏制民间借贷的继续发展以及资金链继续大规模断裂。2011 年以来,全国各地相继爆发民间借贷资金链断裂、老板欠债"跑路"的事件,政府开始下重力严打,这个区间非法集资所涉及的各项罪名的适用不断上升(见第四章的分析数据)。

第四类是在国家的政策严打下,伴随着网络金融的发展,集资者开始自我包装,借用新网络金融的旗号重新登台。其中最典型的就是 P2P(Peer to Peer Lending)——"个人对个人"融资——以及从其中演化出的各种 P2B、P2C 等模式。P2P 是一个舶来概念,是基于计算机网络技术应运而生的借贷新模式,网络的高效化使传统的借贷模式可以直接跨越到个人对个人放款模式,省去了中间银行。从比较法的角度而言,英国的 P2P 发展较早,其首个提供 P2P 贷款的组织是Zopa。[①] 而英国 P2P 行业监管机关为金融行为管理部

---

① Rongxin Zeng, *Legal Regulations in P2P Financing in the U.S. and Europe*, 10 US-CHINA L. REV. 229(2013),p. 230.

(Financial Conduct Authority［FCA］),根据 FCA 于 2014 年 3 月颁布的《关于互联网众筹及通过其他媒介发行不易变现证券的监管规定》(The Regulatory Regime For Crowdfunding And The Promotion Of Non-Readily Realisable Securities By Other Media),P2P 网络借贷被定义为借贷类众筹。FCA 认为 P2P 网络借贷机构为类金融机构,P2P 网络借贷机构进入市场需经过 FCA 的授权。^① 而在美国,P2P 的金融模式是在 2006 年随着 Prosper 的建立才发展起来的,对这种金融模式监管的部门为美国证券交易委员会(The Securities and Exchange Commission (SEC))。2008 年,美国证券交易委员会要求所有的 P2P 公司都将其产品注册为证券产品,并受制于 1993 年颁行的证券法(Securities Act)。^②

相比而言,P2P 借贷在国内目前定位趋向于民间借贷,也即没有认可平台的类金融机构性质。^③ 但 P2P 网贷行业于

---

① Matthew Gregory: *A Review of the Regulatory Regime for Crowdfunding and the Promotion of Non-readily Realisable Securities by Other Media*, February 4,2015, https://www. regulationtomorrow. com/eu/a-review-of-the-regulatory-regime-for-crowdfunding-and-the-promotion-of-non-readily-realisable-securities-by-other-media/.

② Rongxin Zeng, *Legal Regulations in P2P Financing in the U. S. and Europe*, 10 US-CHINA L. REV. 229(2013),231.

③ 2015 年中国人民银行等十部门发布了《关于促进互联网金融健康发展的指导意见》(以下简称《意见》),明确了 P2P 网贷平台的法律定位。(转下页)

2006 年左右进入我国后，[①]发生了本质变化，很快突破了纯平台模式，并迅速引入了平台承诺赔付的模式。原本属于互联网的信息中介业务，由于迅速和传统金融中的担保业务相结合，设立资金池，摇身一变成了"民间银行"，并且争相高额吸储。同时，P2P 平台自融以及债权转让模式也不断被效仿，出借方并不是直接将资金出借给借款人，取而代之的是选择使用第三方首先贷款给资金需求方，然后由第三方将债务转移给出借方。而实际操作中，很多第三方资金是由与 P2P 平台有密切关联的人（包含平台内部人员）提供的。P2P 平台通过将债务和资金进行合并再重新组合匹配的方式，将出借人和借款方联系在一起。出借人和借款方不能进行互相选择，是一种"多对多"的关系，借款方也即投资人可以自由选择债权项目、理财产品，但不会与借款人"面对面"。平台倒闭与跑路之风等乱象愈演愈烈。从 2014 年 4 月，P2P 监管正式明确由银监会主导后，银监会已先后提出"明确平台的中介性质""明确平台本身不得提供担保""不得搞资金池"等 10 个监管原则，但整个行业监管依然以自律为主，国内仍然存在一些 P2P 平

（接上页）《意见》指出 P2P 网贷平台的法律定位是信息中介，不是信用中介，只能提供中介服务，禁止平台非法筹集资金。2016 年出台了《网络借贷信息中介机构业务活动管理暂行办法》（简称《暂行办法》）进一步明确了该定位。

① 2006 年，我国首个 P2P 网贷平台"宜信"诞生，2007 年，"拍拍贷"在上海成立，成为国内首个小额纯信用无担保的 P2P 网贷平台。

台的担保机构是由本身实际控制的所谓"第三方机构"进行担保。①

夹杂着新金融方式的庞氏骗局越演越烈,政府又一次开始高压打击政策。2018年11月28日,最高法、最高检、公安部、银监会等14个部委召开处置非法集资部际联席会议,对民间投资理财、P2P网络借贷、农民合作社、房地产、私募基金等重点领域和民办教育、地方交易场所、相互保险等风险点进行全面排查,遏制非法集资蔓延势头。② 紧接着,《关于办理非法集资刑事案件若干问题的意见》由最高人民法院、最高人民检察院、公安部于2019年1月30日发布。公安部在介绍该意见颁布的主旨时,承认网络借贷、投资理财、私募股权、养老服务等新兴领域已成为集资犯罪的"重灾区"。以金融创新为名,利用P2P网贷、私募股权、互助合作、虚拟货币、会员制养老等新名词、新概念伪装非法集资犯罪行为不断升级。涉案公司也从"作坊式"组织向现代企业模式转变,具有金融专业背景的涉案人员明显增多。随着互联网的快速发展,非法集资网络化特征也日益突出。如今,通过互联网宣传、集资的案件已

---

① 参见孟柳:《非法集资犯罪类案研究》,华东政法大学法律与金融硕士学位论文,2019年;李超:《P2P平台集资行为的犯罪界定》,天津商业大学法律硕士学位论文,2018年;张路:《P2P网贷集资犯罪的刑事应对研究》,江苏大学法学硕士学位论文,2019年。
② 新闻:《国家非法集资最新政策 中央整顿非法集资政策》,2018年10月15日,http://www.creditsailing.com/GuoJiaZhengCe/546550.html。

经达到此类案件总数的 20％以上。①

但是，这些新颁布的法律意见和措施并没有对现行立法态度产生根本性的触动和改变，同时，并未将融资方式分为直接融资和间接融资，适用不同的处理方式。② 事实证明，我国

---

① 新闻：《定性更准，非法集资现原形》，载《人民日报》2019 年 1 月 31 日第 11 版，http://legal.people.com.cn/gb/n1/2019/0131/c42510-30600455.html。

② 在这个方面，民事立法走在了前面。比如最高人民法院关于审理民间借贷案件适用法律若干问题的规定（法释〔2015〕18 号）在关于民间借贷合同效力方面规定："法人之间、其他组织之间以及它们相互之间为生产、经营需要订立的民间借贷合同，除存在合同法第五十二条（规定的是合同无效的情形，其中涉及本解释的是第五款"违反法律、行政法规的强制性规定"的合同无效）、本规定第十四条规定的情形外，当事人主张民间借贷合同有效的，人民法院应予支持。"（第 11 条）而第 14 条接着规定："具有下列情形之一，人民法院应当认定民间借贷合同无效：（一）套取金融机构信贷资金又高利转贷给借款人，且借款人事先知道或者应当知道的；（二）以向其他企业借贷或者向本单位职工集资取得的资金又转贷给借款人牟利，且借款人事先知道或者应当知道的；（三）出借人事先知道或者应当知道借款人借款用于违法犯罪活动仍然提供借款的；……"（2020 年 8 月最高人民法院对该规定进行了修订，但主要内容没有改变，2015 年版的规定依旧有效）结合 2019 年最高人民法院、最高人民检察院、公安部、司法部印发《关于办理非法放贷刑事案件若干问题的意见》的通知规定，第 14 条第三款包括出借人事先知道或应当知道借款人为职业放贷人的情形。这几个条款为民间借贷颠覆性条款，首次确认企业法人之间、企业法人与其他组织之间的借贷合同效力（涉及个人的借贷行为在此没有提及），但借贷行为必须以生产、经营为前提，也即限定了借款目的是直接融资。作为一般生产、经营企业不得以经营借贷这些间接融资运作为主要业务，或者以此作为其主要收入来源，则有可能导致该企业的性质发生变异，质变为未经金融监管部门批准从事专门放贷业务的金融机构。若有这类情况，合同亦有可能被认定为无效。该条款最直接的影响是：银行委托贷款业务可能就此消失。

长期以来对民间借贷所持的简单压制态度(并经常反复)①反而使其脱离监管,在地下纵深发展,给我国经济发展和社会稳定造成了不良后果。正如张书清的文章所指出的,"对民间借贷的规范采取'以行政管制为主、刑罚为辅'的简单管理方式,使民间借贷时常游走于合法与非法的边缘。"②其实,从应对民间非法集资最常动用的两个罪名——非法吸收公众存款以及集资诈骗所处——在刑法中所处的位置而言,这两个罪名均处于刑法第三章(破坏社会主义经济秩序罪),而这一章所保护的法益是经济秩序③,而且前面加上了形容词"社会主义",也即强调维护公有制为主体的经济秩序。但即使是从金融抑制的政策角度来看,也只有民间间接融资方式才对传统国家垄断的银行等金融实体造成了冲击,这一点可以从《商业银行

---

① 2005年2月29日和2010年5月7日,国务院先后出台《关于鼓励支持和引导个体私营等非公有制经济发展的若干意见》("非公36条")与《国务院关于鼓励和引导民间投资健康发展的若干意见》("新36条"),提出"允许非公有资本进入金融服务业""允许民间资本兴办金融机构",意在进行垄断行业改革。之后中央屡次督促推行,但和垄断利益的博弈注定是艰难曲折的,大多数政策均停留在文本的层面,未能有效落实。

② 参见张书清:《民间借贷的制度性压制及其解决途径》,载《法学》2008年第9期,第104—113页。

③ 当然,这种分类的科学性,不断遭到学者批评,尤其是将金融诈骗单列一节(集资诈骗就列于这一节的第一个罪名),破坏了刑法法典以被侵害法益即客体为标准进行架构的原则,也不符合国际先例,仅仅是为了突出打击金融诈骗罪的力度。参见如葛立刚:《金融犯罪刑事立法分类的标准探讨》,载《甘肃金融》2011年第1期,第20页起;黄佳:《论金融犯罪刑事立法分类的依据》,载《海南金融》2012年第10期,第79页起。

法》的规定得到侧面证明——《商业银行法》仅规制间接融资行为。由此,将直接融资行为也一并纳入潜在的犯罪打击范围在逻辑上是有严重问题的。对于间接融资主体,应该在评估后纳入金融主体或类金融主体的范围,并划分不同的层次,受到和金融主体同样的登记和监管制度的限制。同时,针对直接融资中特别容易出现庞氏骗局的非净值型资产运作模式保持高度警惕,对其他直接融资模式则不应该轻易动用刑法打击方式。

但是,上述应然的分层化处理方式并未被采纳,反而呈现出民间融资犯罪化泛化的态势,这种不加区别的犯罪化打击方式极大地扩张了司法机关在这类案件中的自由裁量权。而正如有学者所指出的,从金融市场发展一般经验而言,司法机关在金融犯罪中裁量权越大,则金融贪贿与监管寻租空间越大,金融市场自由发展空间则越小。[①] 这也是金融监管缺位、金融市场发展不健全的一种体现。这一点在针对非法民间集资的罪常用罪名——非法吸收公众存款罪和集资诈骗罪方面表现得极为突出。

---

① 张洪成:《非法集资处置的困境与应对思路》,载《东北农业大学学报(社会科学版)》2018 年第 3 期,第 38 页。

第二章

民间融资的常涉罪名
—— 非法吸收公众存款罪、集资诈骗罪的立法规范比较

在我国,民间融资最容易引发的犯罪指控有两个,即非法吸收公众存款罪和集资诈骗罪,两者统称为非法集资犯罪。这两个罪名密不可分,脱离其中一个罪名讨论另一个罪名几乎是不可能的。由于我国的非法集资概念实际上针对的是以众筹形式进行的集资,因此对于这个过程中涉及的诈骗等犯罪行为,人们都会联想到起源于西方的庞氏骗局概念。

一、庞氏骗局与非法集资

庞氏骗局是一个源自美国查尔斯·庞琦(Charles Ponzi)案件①的概念,但并非一个立法上固定的概念。美国的证券交

---

① 参见 *Cunningham v. Brown*,265 U. S. 1(1924)。在这一骗局中,投资运作成为一个黑箱,资金运作对外封闭,且不公布净值,这使得发行人可能存在欺骗行为,发行人可能运用后进入的资金为先进入的资金进行(转下页)

易委员会确立了一些成立庞氏骗局的参考指标,并认为其具有如下一些最典型的共同特征:

1.承诺几乎没有风险的高额回报;2.无论市场情况如何,承诺持续的稳定收益;3.该投资没有在美国证券交易委员会进行注册;4.具体投资计划不对投资者公开,或者被描述为过于复杂而无从解释;5.不允许客户查看其投资的官方文件;6.存在着返款困难。[①]

尽管如此,但美国各个法院对庞氏骗局始终没有形成一个统一清晰的定义,"一个法庭可能对某个投资计划贴上'庞氏骗局'的标签,但另一个法庭可能将同样的投资计划称为'一般投资欺诈'"。[②] 当然,在美国,对于庞氏骗局认定的意义主要可能不是刑事指控和定罪意义上的,而是民事受害人追索意义上的,正如黑格(Hague)的研究所呈现的,如果庞氏骗局在一个民事案件中得到确认,那么在之后由受托人或者破产受益人提起的"投资获利追返"(claw-back actions)诉讼中,针对所有投资者进行的每一笔转账(包括返本付息)均将被推定为具有诈骗意图,由此受托人或者破产受益人将无需针对

(接上页)兑付,但并未进行实质优良的投资运作。

① SEC, Ponzi Scheme, Retrieved from https://www. investor. gov/protect-your-investments/fraud/types-fraud/ponzi-scheme.

② David R. Hague, *Expanding the Ponzi Scheme Presumption*, 64 DEPAUL L. REV. 867(2015), pp. 872 – 873.

违法集资过程中数量庞大的每一笔转账和投资获利中的"诈骗意图"进行逐一证明（在有可能针对每一笔转账或者获利单独提起诸多诉讼的过程中，这一证明责任也将被免除）。[1] 因此，很多对庞氏骗局的界定是民事法庭做出的，而且认定标准不尽相同。但从这些不同的界定标准，我们可以看出美国司法界对庞氏诈骗的整体认知态度。

在庞氏骗局案件之后，美国联邦最高法院似乎就没有对庞氏骗局的具体构成要素进行进一步的阐释。但是，在其判决附带意见之中，联邦最高法院也承认，总的来说，庞氏骗局就是一个"用新投资者的钱偿付旧投资者，以此支撑一个煞费苦心的投机性商业模式"[2]。

而其他包括各巡回法院在内的各个法院尽管认为对庞氏骗局无法形成一个固定的定义，但是基本认可了用新投资者的投资款支付对之前投资人承诺的本息是一个基本特征，只不过主要的区别在于：有些法院认为偿还投资者的利息可以有一部分来自正常的商业营运，而另一些法院则认为，所有的偿还本金都必须来自新的投资者，方可认定庞氏骗局成立。

比如，第二巡回区的法院（Second Circuit）就采取了一种对庞氏骗局的广义认定方式：庞氏骗局是指"任何本质上具有如

---

[1] 参见 David R. Hague, *Expanding the Ponzi Scheme Presumption*, 64 DEPAUL L. REV. 867(2015)。

[2] *Chadbourne & Parke LLP v. Troice*, 134 S. Ct. 1058,1064(2014).

下欺诈性的运作：为了阻止诈骗行为的败露，债务人/受让人必须用后获取的投资款支付之前的投资者"①。这一态度被某些法院所效仿，比如第三巡回区（Third Circuit）的某个法院。②

而另一些法院判决则除了认可后手投资补偿前手投资的套路外，还强调这些用于履行融资承诺的支出均未出自其吸引资本时承诺投资者的正常商业营运③，或者来自正常商业利润的部分微不足道。④

根据这些已经被认可的特点，可以看出，庞氏骗局的主要资金运行模式属于典型的非净值型资金运行模式。根据资金投入之后是否能自由流动和退出，非净值型资金运作模式又可以分为开放式非净值资金运作模式和封闭式非净值型资金

---

① Bayou Superfund, LLC v. WAM Long/Short Fund II, L. P. （*In re* Bayou Group, LLC）, 362 BR. 624,633（Bankr. S. D. N. Y. 2007）（emphasis added）（citing Cuthill v. Kime（*In re* Evergreen Sec. , Ltd. ）, 319 B. R. 245,249（Bankr. M. D. Fla. 2003）（finding a Ponzi scheme where the debtor "used *most* funds received from new investors to pay prior investor claims"（emphasis added））. 转引自 David R. Hague, *Expanding the Ponzi Scheme Presumption*, 64 DEPAUL L. REV. 867(2015), pp. 874。

② *Deangelis v. Rose*（*In re* Rose）, 425 B. R. 152,153（Bankr. M. D. Pa. 2010）. 转引自 David R. Hague, *Expanding the Ponzi Scheme Presumption*, 64 DEPAUL L. REV. 867(2015), p. 874。

③ Floyd v. Dunson（*In re* Ramirez Rodriguez）, 209 B. R. 424,431（Bankr. S. D. Tex. 1997）. *In re* Taubman, 160 B. R. 964,978（Bankr. S. D. Ohio 1993）.

④ *In re Taneja*, 2012 WL 3073175, at * 6. Kapila v. Phillips Buick-Pontiac-GMC Truck, Inc.（*In re* ATM Fin. Servs. , LLC）, No. 6；08-bk-969-KSJ, 2011 WL 2580763, at * 4（Bankr. M. D. Fla. June 24,2011）.

运作模式,如果以银行理财产品为例的话,前者可以以活期存款为代表,后者可以以定期存款为代表。因此,在除了银行之外的其他机构进行资金吸纳的过程中,活期及定期存款的特点可以作为非净值融资模式的类比。整体而言,由于这种资金运行封闭且无净值,通过预期收益方式为跨期收益调整提供了操作空间,这使得发行人可能存在欺骗行为。① 因此,在我国的投资市场上,非净值型资金运作模式,尤其是封闭式资金运作模式一直存在着形成庞氏骗局的质疑。② 非净值型产品满足了多方面的投资需求和宏观上利率管理转型的需求。多种因素使得非净值型产品的存在成为必然,即使非净值型运作模式是庞氏骗局的一个必要条件,但并不是骗局发生的充分条件。③ 而且,无疑,其承诺的稳定、安全、几乎零风险的固定收益回报无论对于个人投资者而言,还是企业投资者而言,都具有较强的吸引力。

二、关于非法吸收公众存款及集资诈骗的立法

　　和美国一样,庞氏骗局在我国的立法中并未成为肯定性

---

① 宋常、马天平:《庞氏骗局、非净值型资金运作模式与中国资产管理业务》,载《当代经济科学》2003 年第 5 期,第 47 页。

② Xiao Gang. *Regulating shadow banking*, China Daily, 2012 - 12 - 10(8).

③ 宋常、马天平:《庞氏骗局、非净值型资金运作模式与中国资产管理业务》,载《当代经济科学》2003 年第 5 期,第 47—48 页。

的存在,只是一种理论模式。而在刑事司法实践中,打击包含有庞氏骗局要素的行为或者不包含这些要素的向公众募集资金的行为主要适用非法吸收公众存款罪名和集资诈骗罪名。① 当然,大量已判决案件表明,在集资诈骗中,庞氏骗局模式是吸引公众资金的一种主要模式②,而当其中的欺诈要件,

---

① 当然,有时候也会涉及擅自发行股票、公司、企业债券罪(刑法第179条),欺诈发行股票、债券罪(第160条),非法经营罪(第225条,如未经依法核准擅自发行基金份额募集基金),洗钱(第191条)等其他罪名,或者其他类型的诈骗罪。但在适用具体罪名方面,我认为,擅自发行股票、公司、企业债券罪,欺诈发行股票、债券罪等具体罪名分别与非法吸收公共存款罪以及集资诈骗罪形成法条竞合的关系,实际上是非法吸收公共存款罪和集资诈骗的特别法,本来应该特别法优先适用,但综合理解司法解释(如2010年解释第2条)和《全国法院审理金融犯罪案件工作座谈会纪要》(法〔2001〕8号),我认为应当以目的行为而不是手段行为为基准进行定罪,即以吸收公共资金为目的的,无论手段是什么,均应以非法吸收公共存款定罪,如果具有非法占有故意的,均适用集资诈骗罪定性,也不再考量诈骗的手段,由此成为了原则的例外。而洗钱罪的成立在我国有着比较严格的界定,必须是以7类定向型犯罪为上游犯罪,适用范围较窄,上游犯罪仅限于:毒品犯罪、黑社会性质的组织犯罪、贪污贿赂犯罪、恐怖活动犯罪、走私犯罪、破坏金融管理秩序犯罪、金融诈骗犯罪,对于7类定向犯罪之外的"洗钱"行为,只认定为掩饰、隐瞒犯罪所得罪(第312条),在量刑上与洗钱罪有较大的区别,低于洗钱罪。由此,在非法集资案件的定罪适用上,基准罪名是非法吸收公众存款,集资诈骗可以视为加重罪名,其他的擅自发行股票、公司、企业债券罪,欺诈发行股票、债券罪,非法经营罪,以及组织、领导传销(第224条第1款)等罪名可以视为备选型特别法罪名。为了集中讨论,本研究将集中关注非法吸收公众存款这一基准罪名和集资诈骗这一加重罪名,因此本研究提到的非法集资案件主要是指对这两项罪名的综合讨论。

② 参见何言:《"城南旧事"背后的骗局》,载《检察风云》2020年(转下页)

即非法占有的目的,无法得到 排除合理怀疑的证明①或者出于不同的刑事政策的考量时,会转向非法吸收公众存款的罪名适用。但总体而言,非法吸收公众存款和集资诈骗罪名所针对的行为范式比庞氏骗局要广泛得多,庞氏骗局中的若干指标,比如以新投资者的投资支付旧投资者的本息,以吸引更多的投资者,本身的商业营运从一开始就并不盈利等等,一开始只是在判断主观故意的时候起到参考作用,但在立法的发展过程中,庞氏骗局中的某些判断要素成了硬性的入罪指标,但适用方式单一,而非综合判断。实际上,我国对于非法集资的认定标准比庞氏骗局的认定宽松很多,这套标准的形成和确立有深刻的历史背景和原因。

(一) 历史维度的考察

我国在制定 1979 年刑法典时,由于当时经济体制的局限,立法者认为民间融资的行为没有发生之环境,故 1979 年这一

（接上页）第 1 期,第 42—43 页;杨如梅:《P2P 行业是金融创新还是庞氏骗局》,载《劳动保障世界》2016 年第 12 期,第 64 页;杨芳:《揭秘非法集资"庞氏骗局":已形成产业链,跑路后清空数据》,搜狐网新闻,2018 年 7 月 10 日,https://www.sohu.com/a/240393100_240947。

① 我国的刑事诉讼法自 1979 年制定以来,分别历经了 1996 年修订,2012 年修订,和 2018 年修订三次重大修改。经过不懈努力,自 2012 年修订版本之后,刑事案件的证明标准终于认可了"排除合理怀疑",以此作为对之前边界极其不清的"事实清楚,证据确实、充分"的界定。

版《刑法》对此未作规定，当时的司法实践往往将严重违反金融法规的行为以投机倒把这一罪名（涉及 1979 年刑法第 117、118、119 条）论处。这个罪名表面上是针对以买空卖空、囤积居奇、逃离转卖等手段获取利润，但实际上边界模糊，恣意性非常强，可以适用于任何具有市场经济意味的行为，是当时为了维护计划经济的产物，被称为当时的三大"口袋罪"之一（其他两个是流氓罪和玩忽职守罪）①，此罪在法律规定上本来并没有规定死刑，但是 1982 年 3 月 8 日，伴随着倒卖现象日盛，《关于严惩严重破坏经济的犯罪的决定》出台，"投机倒把"成为"严打"②的对象之一，一下子就加重了处罚，往往在法定刑之上量刑，直至判处死刑。③

20 世纪 80 年代后，随着经济迅速发展，一些单位和个人

---

① 参见百度百科"投机倒把罪"词条，https://baike.baidu.com/item/投机倒把罪/9821344? fr＝aladdin。尽管在该词条中并未说明此罪可以涉及所有市场经济的行为，但通读该词条的整体描述和举例，不难得出这一结论。而且，在 1979 年之前，尽管我国没有刑法，但是经常会用"投机倒把"这个词打击各种工商业行为。

② "严打"有着严重的"人治"色彩，我国共有四次严打活动。1983 年首次提出"严打"这个概念，并进行第一次"严打"；1996 年进行了第二次"严打"；2000—2001 年进行了第三次"严打"，增加了网上追捕逃犯的行动，也被称为"新世纪严打"。第四次严打是 2010 年。和四次国企改革的时间吻合。"严打"奉行从重原则，一是定罪从重，二是量刑从重，而这种量刑上的从重，既可以在法定刑内从重，又可以突破法定刑从重。是对诸多法治原则的背离。

③ 新闻：《历史尘埃中的"投机倒把罪"》，载《法治周末报》2018 年 8 月 15 日，https://www.sohu.com/a/247303835_99923264。

为募集资金而采取多种多样的方式进行非法集资,也存在银行或其他金融机构为争揽储户而擅自提高利率吸收公众存款的现象。这类行为被认为严重侵犯了国家金融管理制度,扰乱了金融秩序,直接影响到经济发展和社会稳定。1986年,我国民间"抬会"这一从民间互助融资发展起来的融资模式开始抬头,在发展过程中逐渐包含有庞氏骗局的要素,并且一发不可收拾。正是在这一年,温州乐清的一场民间的"抬会"风暴爆发:入会者多达30万人,非法吸纳会款10亿元人民币。[1] 从1985年到1986年,实际涉及人数70万人。[2] 考虑到1986年我国城镇居民人均年度可支配收入只有900.9元人民币,而农村居民人均年度可支配收入更是低至423.8元人民币[3],人均国民生产总值为963元人民币[4],且乐清存在大量农村人口,这个数字是非常惊人的。这场灾难的直接后果是:在资金链断裂的短短三个月中,63人自杀,200人潜逃,近1000

---

[1] 新闻:《乐清抬会:大喜大悲大风暴》,载《温州都市报》2008年12月8日,http://news. sina. com. cn/c/2004-12-28/11484650251s. shtml。

[2] 社论:《温州财富现象反思》,安徽新闻2004年10月30日,转引自《决策咨询》2004年第10期,http://ah. anhuinews. com/system/2004/10/30/001030800. shtml。

[3] 《中国历年城乡居民家庭人均收入和指数统计(1978—2012)》,https://wenku. baidu. com/view/9166041af111f18582d05a09. html。

[4] 《中国历年GDP及城镇居民可支配收入统计表》,https://wenku. baidu. com/view/7610012e7ed5360cba1aa8114431b90d6d858940. html。

人被非法关押,8万多户家庭倾家荡产。① 当时乐清债权人成群结队上访,严重扰乱了政府机关正常工作;许多工厂停产,店铺关门……②

正如前文简要介绍过的一样,与"合会"一样,"抬会"本来是温州早期典型的组织化民间金融,其运行模式开始时也和"合会"相似。早期由若干人组成一个"会",发起人被称为"会主",把"会员"的钱聚拢,然后交给会员轮流使用,先用的人付利息,后用的人吃利息。会员可通过发展新会员变成"会主",层层往下,形成复杂的金字塔式结构。但后来随着资金池的扩大,许诺以高利,以新会员投入的资本支付老会员的利息,本身已经没有什么正常的商业运作了,成了一种典型的庞氏骗局。③ 而此案的发生时间比查尔斯·庞琦的"投资"计划的开始时间(1991年)还要早6年。案发之后,"抬会"会主郑乐芬最后被温州市中级人民法院④以投机倒把罪判处死刑,剥夺

---

① 社论:《温州财富现象反思》,安徽新闻2004年10月30日,转引自《决策咨询》2004年第10期,http://ah. anhuinews. com/system/2004/10/30/001030800. shtml。

② 新闻:《乐清30多年前的"抬会"风波,多少人还记得?》,2018年7月16日搜狐新闻,https://www. sohu. com/a/241549012_160070。

③ 参见搜狗百科"抬会"词条,https://baike. sogou. com/v68834653. htm? fromTitle=％E6％8A％AC％E4％BC％9A。

④ 在我国,共有四级法院及相应层级的检察院和公安体系,分别是基层法院、中级法院(对应市一级),高级人民法院(对应省一级),和最高人民法院。可能被判处无期徒刑和死刑的案件的第一审在中级法院进行。

政治权利终身，①从而成为最后一个因此罪名被判处死刑的人。② 1997 年，新修订的刑法③取消了该罪名，④但乐清的集资方式却一直延续了下来。

尽管由于计划经济的思维方式，政府对于民间融资一直持有警惕态度，但民间借贷的刚性需求和实际存在最终催生了 1991 年 8 月 13 日最高人民法院以"法（民）〈1991〉21 号"通

---

① 新闻：《乐清抬会：大喜大悲大风暴》，载《温州都市报》2008 年 12 月 8 日，http://news. sina. com. cn/c/2004-12-28/11484650251s. shtml。

② 参见百度百科"投机倒把罪"词条，https://baike. baidu. com/item/投机倒把罪/9821344? fr=aladdin。

③ 1997 年刑法是对 1979 年刑法的重大修订，实际上是推倒重来，自此之后，开启了我国除宪法之外，首部，也是迄今唯一一部采用法典模式立法技术的部门法律的历程，尽管其名称没有用"典"这个词（其他法律采用的都是法律、法案、规定等立法技术，民法典则于 2021 年 1 月 1 日起生效），之后所有的修改均采用修正案模式，迄今已有十一个修正案，第十一修正案于 2020 年 12 月 26 日出台，将于 2021 年 3 月 1 日开始生效。

④ 但在 1997 年《刑法》取消"投机倒把罪"之后，其他法律中有关投机倒把的规定彻底消失却是十几年之后的事情了。2009 年 1 月 15 日，国务院以"调整对象已消失，实际上已经失效"为理由，宣布《投机倒把行政处罚暂行条例》正式谢幕。2009 年 8 月 24 日提请十一届全国人大常委会第十次会议再次审议的《关于修改部分法律的决定草案》，对现行法律中存在的明显不适应社会主义市场经济和社会发展要求的规定作出了修改。根据草案的规定，《中华人民共和国计量法》《中华人民共和国野生动物保护法》《中华人民共和国铁路法》《中华人民共和国烟草专卖法》四部法律中有关"投机倒把""投机倒把罪"的规定予以删去并作出了修改。这意味着"投机倒把"这一带有计划经济色彩的名词成为了历史名词，不再出现在我国现有的法律当中。参见百度百科"投机倒把罪"词条，https://baike. baidu. com/item/投机倒把罪/9821344? fr=aladdin。

知印发的《关于人民法院审理借贷案件的若干意见》,其中第六条规定:"民间借贷的利率可以适当高于银行的利率,各地人民法院可根据本地区的实际情况具体掌握,但最高不得超过银行同类贷款利率的四倍(包含利率本数)。超出此限度的,超出部分的利息不予保护。"①遗憾的是,这一发展并没有导致一种新的多层次金融体制的产生,相反,民间金融活动与

---

① 在我国的司法实践中,对高利贷是否是犯罪在 2019 年之前没有明确规定,在少数案例中,放高利贷可能涉嫌非法经营罪,但总体而言,目前这方面的法律规定还不明确,最高法司法解释也不明确,判决的案例也较少。当时,放高利贷能否构成非法经营罪,要看具体的法律事实:发放高利贷行为牟利巨大,严重扰乱市场秩序的,可以刑法第 225 条第 4 项之规定,追究刑事责任,比如泸州中院(2011)泸刑终字第 12 号判决;杨爱平、赵霞犯非法经营罪,(2012)临刑初字第 6 号。但大部分案件中,高利贷并非一种犯罪,只不过超过法律规定部分不受保护。在我国近 30 年的立法中,对这一点保持了一贯的态度,"法(民)〈1991〉21 号通知"于 2015 年 8 月 6 日被废止,由《最高人民法院关于审理民间借贷案件适用法律若干问题的规定》(法释〔2015〕18 号)取代,其中第 26 条规定:"借贷双方约定的利率未超过年利率 24%,出借人请求借款人按照约定的利率支付利息的,人民法院应予支持"。"借贷双方约定的利率超过年利率 36%,超过部分的利息约定无效。借款人请求出借人返还已支付的超过年利率 36%部分的利息的,人民法院应予支持"。也即 24%至 36%之间的部分属于"自然债务区",如果已支付该部分利息,属自愿履行范畴,不能请求返还;如果尚未支付该部分利息,请求借款人支付的,不予支持。而且,2012 年 2 月,《最高人民法院关于被告人何伟光、张勇泉等非法经营案的批复》〔(2012)刑他字第 136 号〕指出,高利贷是否属于刑法第二百二十五条规定的"其他严重扰乱市场秩序的非法经营行为",相关立法解释和司法解释尚无明确规定,故对何伟光、张勇泉等人的行为不宜以非法经营罪定罪处罚。显然,这种立法态度为高利诱惑性集资打开了通道,增加了实践中处理民间借贷案件司法态度的复杂性,使很多诈骗性集资在初期难以识别。但这一状态正在(转下页)

正规金融机构之间一直存在着紧张关系,前者多半处于非法或者半非法状态,两种制度难以兼容并相互博弈的状态一直在持续。

根据国务院 1986 年 1 月 7 日颁布的《中华人民共和国银行管理暂行条例》(已废止),个人不得设立银行或其他金融机构,不得经营金融业务,而且,非金融机构经营金融业务也在禁止之列(第四条)。因此,民间自办的钱庄等金融组织被先后取缔,民间的"抬会"也被视为违法犯罪活动而遭到严厉打击。但正常民间集资裹挟着诈骗性集资仍然以各种变化形式继续蔓延。

(接上页)发生改变,2019 年 7 月 23 日,最高人民法院、最高人民检察院、公安部、司法部印发《关于办理非法放贷刑事案件若干问题的意见》的通知规定,以营利为目的,经常性地向社会不特定对象发放贷款,扰乱金融市场秩序,情节严重的(第 1 条),以非法经营罪定罪处罚。不过这种营利为目的限定为利率高于 36%,并有具体放贷次数和总金额的限制。有意思的是,2020 年 8 月 20 日,最高人民法院召开新闻发布会,发布《最高人民法院关于修改〈关于审理民间借贷案件适用法律若干问题的规定〉的决定》,宣布以中国人民银行授权全国银行间同业拆借中心每月 20 日发布的一年期贷款市场报价利率(LPR)的四倍为标准确定民间借贷利率的司法保护上限,取代原"以 24% 和 36% 为基准的两线三区"的规定,大幅度降低民间借贷利率的司法保护上限。以 2020 年 7 月 20 日发布的一年期贷款市场报价利率 3.85% 的 4 倍计算,民间借贷利率的司法保护上限为 15.4%,相较于过去的 24% 和 36% 有较大幅度的下降。参见:财经新闻,2020 年 8 月 20 日,http://finance.china.com.cn/news/20200820/5347170.shtml。这一司法解释实际上又回归了 1991 年的司法解释态度。不过,无论这种保护的上限是如何设定的,如果这一上限无法反映真实的民间借贷需求,只会促使高利借贷以更加隐蔽的方式向纵深发展。

在 1995 年 5 月发布的《商业银行法》中，首次采用了"非法吸收公众存款"的表述，并规定构成犯罪的，应当依法追究刑事责任。该法第 79 条提出"未经中国人民银行批准，擅自设立商业银行，或者非法吸收公众存款、变相吸收公众存款的，依法追究刑事责任。"该法的部分条款已经被 2003 年发布版、2015 年发布版修订，但依然有效。

1995 年 6 月，全国人大常委会通过了《关于惩治破坏金融秩序犯罪的决定》（现行有效），为非法吸收公众存款罪确定了具体的刑事制裁范围（第 7 条），同时提及了以诈骗方式进行非法集资的处罚（第 8 条），该决定中的大部分内容为后来 1997 年《刑法》所借鉴。实际上，在"投机倒把罪"被取消之后，对于符合公开性和公众性的包括"抬会"在内的集资行为，大多适用非法吸收公众存款罪和集资诈骗罪进行定罪量刑。①

（二）现行刑法中的非法吸收公众存款罪

在我国的刑法理论中，非法吸收公众存款的行为和集资诈骗的行为被统称为非法集资，而非法吸收公众存款的行为

---

① 参见于颖、刘东旭：《温州"抬会"现象的历史沿革及启示》，载《科技视界》2011 年第 26 期，第 58—60 页。可参考其中提到的福建省宁德市"魏顺团集资诈骗案"，《中国审判案例要览 2003 年刑事审判案例卷》，北京：人民法院出版社 2004 年版，第 112—114 页；以及安徽省六安地区的"高远非法吸收公众存款案"，最高人民法院刑事审判庭《刑事审判参考》2000 年第 3 辑，北京：法律出版社 2000 年版，第 1—3 页。

模式被认为是集资诈骗行为模式的基础,二者的关键区分点为是否有非法占有的诈骗意图,这一点也得到了司法解释的肯定。① 因此,立法中集资诈骗的行为模式基本被非法吸收公众存款的解释所涵盖,而有关集资诈骗的司法解释则都着重于对行为目的的阐释,也即成立集资诈骗必须首先完全符合非法吸收公众存款的行为模式。由此,理解集资诈骗需要先从理解非法吸收公众存款开始。

我国刑法第 176 条所规定的非法吸收公众存款罪是指违反国家金融管理法规非法吸收公众存款或变相吸收公众存款,扰乱金融秩序的行为。最高量刑为有期徒刑 10 年以上②,同时并处罚金。但是需要说明的是,该量刑为 2020 年刑法第十一修正案做出的修改,原来该罪名的最高量刑为 10 年有期徒刑,并处罚金不超过 50 万元人民币,如果第十一修正案在保持该修改的情况下生效,该罪有期徒刑的幅度将相比第十修正案有所提高,同时针对个人的罚金刑的上限将被取消③,从而实质性地加重了对该罪的刑罚。

---

① 《最高人民检察院关于办理涉互联网金融犯罪案件有关问题座谈会纪要》(高检诉[2017]14 号)第二条第二款之 14 项:"以非法占有为目的,使用诈骗方法非法集资,是集资诈骗罪的本质特征。是否具有非法占有目的,是区分非法吸收公众存款罪和集资诈骗罪的关键要件……"
② 在不讨论数罪并罚的情况下,针对单一犯罪指控,我国有期徒刑的上限为十五年。
③ 和集资诈骗罪不同的是,刑法第十一修正案之前,针对非法吸收公共存款罪的单位犯罪,在罚金刑方面本来就没有设定上限。

从 1997 年刑法开始,我国陆续发布了各项司法解释对非法吸收公众存款进行界定,目前有效的主要解释性法规包括:1.《非法金融机构和非法金融业务活动取缔办法》(国务院令[1998]第 247 号,2011 年 1 月 8 日修订);2.《最高人民法院关于审理非法集资刑事案件具体应用法律若干问题的解释》(法释[2010]18 号);3.《最高人民法院、最高人民检察院、公安部关于办理非法集资刑事案件适用法律若干问题的意见》(公通字[2014]16 号);4.《最高人民检察院管理办理涉互联网金融犯罪案件有关问题座谈会纪要》(高检诉[2017]14 号)。

　　综合看来,刑法没有将吸收存款行为限定在银行业意义上的吸收存款行为,《最高人民法院关于审理非法集资刑事案件具体应用法律若干问题的解释》第 1 条规定了此罪的四个构成要件:

　　"(一)未经有关部门依法批准或者借用合法经营的形式吸收资金;①

　　(二)通过媒体、推介会、传单、手机短信等途径向社会公

----

① 这个法律从来不是指刑法,而是行政法规和金融管理法规。即要么没有获得相应机关的批准,要么尽管获得批准,但实质上具有非法性。也即不仅考虑形式上的非法性,而且考量实体上的非法性。但在获得批准的情况下,这个非法性究竟是指什么其实是个模糊概念,综合而言只能理解为借用合法经营形式吸收资本。

开宣传；①

（三）承诺在一定期限内以货币、实物、股权等方式还本付息或者给付回报；②

（四）向社会公众即社会不特定对象吸收资金。③"

如上四个要素必须同时被满足，并可以分别被简要总结为：非法性（未经批准或以合法经营形式吸收资本）、公开性（公开宣传）、储蓄性（承诺回报）、公众性（针对不特定人群）。由此可知，只要是向公众公开吸收资金的行为，无论用于何处，即使是入股和用于生产经营也构成此罪（也即不考量是直接融资还是间接融资）。所以，所募集资金的用途不是关键④，

---

① 如果不公开不构成此罪。即使是违反了行政法规，也不构成刑法上的犯罪。公开性并不要求大家都知道，但要求大家都有知道的可能，即宣传过就可以了。但关于口口相传是否属于公开宣传，需要综合判断，实践中往往结合"集资人"对口口相传是否知情，对此态度如何，有无具体参与，是否设法加以阻止等主观因素加以判断。参见谭淼：《刑法规范精解集成》（第六版），法律出版社2018年版，第282页。

② 即封闭式非净值融资模式——约定了固定收益，并且往往承诺的收益较高，但收益率的高低在立法中并没有做出认定式规定，也即从立法和司法角度而言，所承诺的收益高低并非判断罪名是否成立的要素。从这个意义上而言，即使不约定利息，也是可以入罪的。而回报的方式既包括固定回报，也包括非固定回报，除货币形式之外，还有实物、消费、股权等形式。

③ 即面向不特定的公众。

④ 即既不关心集资款项是用于集资者以实业为主的自我经营，还是用于金融类衍生产品的再投资——也即做了部分的银行业务，有些成了实际上的影子银行。当然，与目的是普通的实业类经营的民间借贷不同，将集资款项用于从事银行或类银行的金融业务在任何国家和地区都应该受到严格控制。相反，即使用这些所筹集的资金开展的金融业务已经获得了（转下页）

回报率的承诺也不是关键，公开吸收资金才是关键。借此可以推论的是，我国刑法实质上禁止所有的公开募集资金的行为，经有关金融监管部门许可除外。也可以说，对于与银行吸收存款业务具有竞争关系的资金吸收行为，刑法一概禁止。

如果这个罪名仅仅停留在对资金公募行为的禁止上，还不会造成十分严重的影响，但是问题还不止于此。在实践中，如何掌握此罪构成要件中的"公众性"是一个要点。笔者认为，公众性应该是指随时存在着向不特定人群扩散的可能性，其中受到强调的应该是"可能性"，而非切实发生的数字。但目前的司法解释对于这种"公众性"采用了机械式数字评判的方式。《最高人民法院关于审理非法集资刑事案件具体应用法律若干问题的解释》第 3 条第 1 款明确规定：

"非法吸收或者变相吸收公众存款，具有下列情形之一的，应当依法追究刑事责任：

（一）个人非法吸收或者变相吸收公众存款，数额在 20 万元以上的，单位①非法吸收或者变相吸收公众存款，数额在 100

（接上页）审批，可以合法地面向公众公开募集资金，但是募集过程中脱离监管、伪造账目，同样可以使用庞氏骗局的方式聚拢资金，根据司法解释，属于"借用合法经营形式吸收资金"，仍然可以用集资诈骗进行打击。

① 我国的单位犯罪很有特色，尽管一个行为被认定为单位犯罪之后，实际接受财产刑之外的自由刑处罚的仍然是自然人，但是被认定为单位犯罪实际上是一种优待，这种优待要么反映在较低的量刑上，要么反映在对犯罪成立标准的宽宥上。比如对于非法吸收公众存款，单位成立犯罪的标准相比起自然人成立犯罪的标准而言，就体现了这种对单位犯罪处理的宽宥。

万元以上的；

（二）个人非法吸收或者变相吸收公众存款对象 30 人以上的，单位非法吸收或者变相吸收公众存款对象 150 人以上的；

（三）个人非法吸收或者变相吸收公众存款，给存款人造成直接经济损失数额在 10 万元以上的，单位非法吸收或者变相吸收公众存款，给存款人造成直接经济损失数额在 50 万元以上的；

（四）造成恶劣社会影响或者其他严重后果的。"

也就是说，司法解释通过对"公开"概念的人数及金额的界定，将相当比例的私募行为也纳入了其中。这一立法和民事领域的《证券法》又产生了某种冲突：刑法对公募的人数的界定要比《证券法》苛刻。《证券法》[1]界定"公开发行"以发行对象超过 200 人为界[2]，但刑事立法对公募人数的控制并没有以民事法律为基准，而是采用了更为严格的标准，且这个标准定得很低，极易被突破。同时，由于以发行证券为手段募集资金的情况相当常见，这就意味着大量民事法律上合法的行为

---

① 1998 年公布，1999 年实施，2004 年，2005 年，2013 年，2015 年和 2019 年均有一定程度的修订，最近的一次修订是 2019 年 12 月 28 日，于 2020 年 3 月 1 日起施行。

② 第 9 条规定"公开发行证券，必须符合法律、行政法规规定的条件，并依法报经国务院证券监督管理机构或者国务院授权的部门注册。未经依法注册，任何单位和个人不得公开发行证券"。其中的第二款进一步规定："向特定对象发行证券累计超过二百人，但依法实施员工持股计划的员工人数不计算在内。"这就意味着 200 人以内的证券发行不算公开发行，不用履行非常严格的登记制度。

根据刑法的标准来判断却有可能构成犯罪。司法解释唯一明确豁免的集资行为是：在亲友与单位内部吸收资金。但亲友的界定范围非常不清晰，属于极其不严谨的法律概念，难免引发实践中适用上的重重矛盾。

可见，我国刑法中的非法吸收公众存款罪走得相当远，它已经不仅仅是禁止非法经营银行业务，而且实际是禁止民间公募式融资，并且通过司法解释又从禁止民间公募式融资扩大到了禁止民间私募式融资的范围，就这样，几乎彻底取消了民间融资的空间。①

（三）现行刑法中的集资诈骗罪

刑法第 192 条对集资诈骗的描述非常简单，用的是"以非法占有为目的，使用诈骗方法非法集资"的字句。而针对该罪名的相应的解释性法律文件②主要强调的也是对"非法占有"

---

① 参见王涌：《非法集资罪令民企战战兢兢　常问外国有这罪名吗》，载《经济参考报》2014 年 4 月 15 日，http://finance.sina.com.cn/china/2014041 5/005918794231.shtml。

② 目前涉及集资诈骗的主要解释性法律文件主要包括：1.《全国法院审理金融犯罪案件工作座谈会纪要》（法〔2001〕8 号）；2.《最高人民法院关于审理非法集资刑事案件具体应用法律若干问题的解释》（法释〔2010〕18 号）；3.《最高人民法院关于非法集资刑事案件性质认定问题的通知》（法〔2011〕262 号）；4.《最高人民检察院关于办理涉互联网金融犯罪案件有关问题座谈会纪要》（高检诉〔2017〕14 号）。这些法规与界定非法吸收公众存款的文件高度重合。

目的的认定。如前所述,司法解释已经肯定了非法吸收公众存款与集资诈骗的主要区别就在于是否有非法占有的目的,即诈骗目的。从这一点出发,集资诈骗的行为模式以非法吸收公众存款的行为模式为基础,只不过多了一个诈骗目的,是非法吸收公众存款的刑法升级版表现形式。而在诈骗目的支配下的行为又必然符合普通诈骗罪(刑法第 266 条)定罪所指向的行为构造,所以进而言之,集资诈骗是非法吸收公众存款和诈骗罪的交合性罪名。

简单来说,此罪和非法吸收公众存款罪只有一个区别:集资者想不想还钱?想还钱,适用非法吸收公众存款罪,不想还钱,适用集资诈骗罪。当然,在刑罚适用上,当被害人人数或金额相同的情况下,集资诈骗罪也比非法吸收公众存款罪量刑幅度要高,前者的最高刑是无期徒刑,后者最高刑为 15 年有期徒刑,而且除了同样可适用罚金刑之外,集资诈骗罪还可以同时或选择性适用非法吸收公众存款罪所不能适用的一种附加刑——没收财产①。

需要指出的是,和非法吸收公众存款罪一样,这一针对集

---

① 被没收的财产以及罚金都是无偿收归国有,没收财产可以是没收罪犯个人的一部分财产,也可以是没收其全部财产(刑法 59 条),但是具体额度并没有明确规定,因此自由裁量的空间极大。如果部分没收财产刑和罚金刑共同适用,则合并执行。如果是没收全部财产,罚金刑将被吸收。参见最高人民法院关于适用财产刑若干问题的规定(法释〔2000〕45 号)。但在执行顺序上,民事债权优先(刑法 36 条第二款)。

资诈骗罪的量刑规定也是 2020 年制定的刑法第十一修正案的结果。在该修正案之前,针对集资诈骗的有期徒刑最高一档的量刑起点是 10 年,罚金的最高限额是 50 万元人民币;而第十一修正案将这一起点降低到了七年(但取消了针对"数额特别巨大或者有其他特别严重情节"的这一档量刑,仅划分为"数额较大"和"数额巨大"两档;相反,对于非法吸收公众存款罪,则从原来的"数额较大"和"数额巨大"两档量刑变成了三档量刑:"一般情节"[无数额下限,即追诉门槛降低了],"数额巨大"以及"数额特别巨大"),同时和非法吸收公众存款罪一样,取消了针对集资诈骗犯罪罚金刑的上限。总体而言,就自由刑而言,集资诈骗罪的自由刑规定将在第十一修正案之后稍有加重,而非法吸收公众存款罪的自由刑幅度则将有显著上升,与此同时,针对这两种犯罪的财产刑幅度将同时升高到同一水平。总而言之,针对这两种犯罪的刑罚差异度将进一步缩小。此外,还值得一提的是,集资诈骗罪长久以来都存在着死刑的量刑,直到刑法第九修正案中才被取消,其量刑幅度从此便向其他类型的诈骗趋同。但对该罪名死刑的废除时间晚于很多其他诈骗犯罪死刑的废除时间[1],是最晚被废除死刑

---

① 在刑法第八修正案之前,我国有 68 个死刑罪名,2011 年 5 月 1 日刑法修正案(八)施行后,死刑罪名被减至 55 个。这是 1979 年新我国刑法颁布以来的第一次削减死刑罪名,以此凸显对生命的尊重和对人权的保障。刑法修正案(八)取消了 13 个经济性非暴力犯罪的死刑。具体包括:走私文物罪,走私贵重金属罪,走私珍贵动物、珍贵动物制品罪,走私普通(转下页)

的诈骗类罪名。这种废除时间的滞后性可以从侧面表明立法对民间融资的矛盾态度：一方面想以高于普通经济类犯罪的刑罚遏制民间融资，另一方面又不得不向市场经济所带来的客观民间融资需求让步。但从现状而言，这种让步又是非常有限的。

三、小结：高度趋同的犯罪构成

在我国，传统的银行业务都是由国家垄断的，即使在市场经济开始迅速发展的今天，这种垄断仍然没有被根本性地打破。① 因此，与很多其他的国家垄断行业一样，对这种垄断性

(接上页)货物、物品罪、票据诈骗罪，金融凭证诈骗罪，信用证诈骗罪，虚开增值税专用发票、用于骗取出口退税、抵扣税款发票罪，伪造、出售伪造的增值税专用发票罪，盗窃罪，传授犯罪方法罪，盗掘古文化遗址、古墓葬罪，盗掘古人类化石、古脊椎动物化石罪。死刑减少幅度将近达到含有死刑的罪名总数的五分之一，其中涉及4个诈骗类罪名。2015年11月颁行的刑法修正案九又进一步取消了9个死刑罪名，分别为：走私武器、弹药罪，走私核材料罪，走私假币罪，伪造货币罪，集资诈骗罪，组织卖淫罪，强迫卖淫罪，阻碍执行军事职务罪，战时造谣惑众罪。现有涉及死刑的罪名还有46个。

① 早在中华人民共和国成立之前，从1928年开始，我国的银行业务就出现了国家垄断的趋势，尽管这种趋势中间有反复，但是从1937年抗日战争爆发到1949年中华人民共和国成立，外资银行完全失去了优势，取而代之的是国有银行的迅速扩张。新中国成立后，从1949年至1978年之间，我国银行业是个绝对垄断的系统，仅有的中国人民银行垄断了所有金融业务。从80年代初期到90年代中期，我国银行业具有显著的、政府完全垄断的寡头垄断市场特征。90年代中期之后，随着建设社会主义市场经济体制目标的提出，这种状况才开始解冻，但迄今为止国有银行仍然占据(转下页)

的保护在立法过程中会成为一个被优先考量的立法目的,这
也是为什么集资诈骗的罪名和非法吸收公众存款共同被规定
在我国刑法第三章"破坏社会主义市场经济罪"中,而不是与
普通诈骗罪一起被规定在我国刑法第五章"侵犯财产罪"中的
主要原因:它们关注的焦点始终首先为是否会给国家对于包
括吸收民间资本在内的金融行为的绝对控制造成威胁,形成
竞争性局面,其次才是对非法集资过程中可能产生的受害人
财产损失以及由此带来的社会动荡的考量。

整体而言,从立法规范来看,非法吸收公众存款以及集资
诈骗的犯罪构成客观要件高度趋同,甚至可以说完全一样,区
别仅仅是主观的"非法占有"要件,因此在司法认定标准中,必
然会存在着如下逻辑:

1. 如果存在公开向公众募集资金的行为,同时承诺还本
付息或者给付其他回报,非法吸收公众存款的罪名将随时备
用,在此基础上,如果能证明集资者不打算归还所募集的资
金,将升格为集资诈骗罪。在这个转换过程中,非法占有的目
的是认定的关键。

2. 如果募集资金行为中的公开性、公众性、储蓄性或者违
法性(是否得到事前获批或骗取事前批准)有任意一个要素无

(接上页)着绝对优势。参见罗娟:《中国银行业市场结构变迁:1841 年—
2005 年》,中国人民大学经济学硕士学位论文,2008 年,第三章及第四章,
https://www.docin.com/p-1806404205.html。

法得到证明,则非法吸收公众存款罪将不成立,进而集资诈骗罪也将不成立,但如果对所募集资金的非法占有性可以得到证明,可以适用其他类型的诈骗类罪名,或者洗钱、共谋等其他罪名。在这个过程中,如果要进行任何除了非法吸收公众存款罪以及集资诈骗罪之外的犯罪指控,非法占有的目的仍然是一个十分关键的要素。否则,既不能满足"四性",又不具备诈骗的主观意图的集资行为应视为合法行为。

3. 集资诈骗和其他诈骗类罪名的核心区别就在于是否存在公开向公众募集资金的行为,如果存在,将不考虑募集手段是打着传统的兴建实业的旗号,还是采用保险、本票、期票或平台或其他任何新金融手法,即不考虑适用任何其他诈骗罪名,直接适用集资诈骗条款。

4. 在认定非法占有这一诈骗中的核心主观要件的过程中,庞氏骗局的典型构造特征应该成为主要的辅助性判断工具。因为首先,从实践中看,我国的欺诈性融资模式大多符合庞氏骗局构造;其次,从现实融资市场上看,如果不许诺稳定而安全的(但集资者自己明知实际上根本不可能实现的)高额回报,很难达到吸引众多投资人投资的目的,同时也很难保证投资能获得持续性。目前,这在司法解释中已经得到了较大层面上的支持。[①] 但是,反过来说,如果集资者真正开展了所

---

① 法释[2010]18号第四条;高检诉[2017]14号二(二)14。对这两个条款的内容分析,笔者将在后面有关主观故意的章节展开。

承诺的正常商业,并且其盈利在还本付息的过程中占比较大,那么,如果不是出于实现国家全面控制金融的目的,在逻辑上实在没有合理的理由将集资行为予以定罪。

5. 进而言之,如果不是为了对金融行为的全面把控,至少非法吸收公众存款的罪名在表面上看来将失去存在的正当理由。[①]

6. 如果非法吸收公众存款失去存在的正当理由,集资诈骗的存在也岌岌可危(也即没有必要针对庞氏骗局专门订立罪名),完全可以并入其他诈骗类罪名之中。

但是,我国迄今为止仍然高度关注国家对金融行为的控制,乃至垄断;与此同时,市场经济道路的必然选择、民营资本在国民经济中不断上升的比重,对经济影响的重要性[②],以及通过常规银行贷款途径筹资的困难性又迫使政府不得不节节让步,在控制和适度放开中左右摇摆,从而导致立法和司法过

[①] 行为人如果违法吸收公共存款用于货币、资本经营,实际上是代行了金融机构的功能,完全可以使用刑法第 174 条"擅自设立金融机构罪",以及相关罪名(根据其所行为方式),比如刑法第 175 条的高利转贷罪、第 175 条之 1"骗取贷款、票据承兑、金融票证罪"等罪名进行打击。如果是用于货币、资本经营之外的正当的生产、经营活动,如果立法目的并非为了国家对借贷和其他资本市场的垄断,逻辑上很难自圆其说。

[②] 保守估计,民营经济贡献了我国 50% 以上的税收、60% 以上的 GDP,提供了 90% 以上的就业岗位。科技创新方面,民营企业专利数占我国专利总数的 80%,占发明专利的 60%,70% 的新产品是民营企业创造的。参见郭树清:《民企贷款比例不符合民营经济在国民经济中的比重》,财新网 2018 年 11 月 8 日,http://finance.caixin.com/2018-11-08/101344579.html。

程中对什么是合法民间借贷,什么是非法集资的认定陷入了深刻的矛盾之中,对非法占有目的的认定过程也随之变得矛盾重重;这种矛盾性反过来又对民营企业造成了巨大的威胁,甚至打击。同时,由于较轻的非法吸收公众存款罪和较重的集资诈骗罪的犯罪构成高度相似,真正的诈骗性集资很有可能被认定为非法吸收公众存款罪,利用集资进行诈骗反而成了行骗者的一个优质(逃脱更重刑罚的)选择。

进一步模糊非法吸收公众存款罪和集资诈骗罪界限的"非法占有"证明规则

是否具有诈骗的主观目的在适用非法吸收公众存款罪还是集资诈骗罪等罪名的选择上是核心问题。而由于前述中立法目的因为经济发展和市场需求不断地左右摇摆,我国在司法实践中就这一主观方面的认定所展开的争论从未中断,贯穿于几乎所有大案之中。

一、对于集资案件中"非法占有"目的证成的立法及司法态度

我国对所有诈骗类犯罪主观形态的描述都是以欺骗的方式导致被害人交付财物,从而实现对财物的"非法占有"的目的,而和所有犯罪罪名成立的判断标准一样,这种"非法占有"的主观目的必须在行为人在采取获取财物的行为之前或者行为过程中就存在,整体行为结束之后(即已经获取财物之后)

才对已获取的财物产生非法占有目的的,将不再适用诈骗类罪名,而是适用侵占[①]等罪名。具体到集资诈骗而言,集资是一种具有持续性的行为,因此这种非法占有的目的判断不再针对每一个单一的受害人/债权人,而是进行整体性判断,也即不再分析是否在吸收每一笔投资款的过程中都存在这一非法占有的目的,而是针对整体或阶段性集资款项进行认定,一旦认定对整体或阶段性集资行为具有诈骗故意,将推定适用于该集资计划中所有或特定阶段涉及的所有相关款项。[②] 在这一点上,和庞氏骗局在美国民事诉讼中一旦得到认定后可以推定适用于每一项资金追返诉讼,即"投资获利追返"中涉及的转账(transfer)有异曲同工之妙。[③] 然而,尽管在全部集资行为都结束之后才产生非法占有意图的行为不适用该罪名,但非法占有意图的产生时间也是认定上的一个难点,也会影响到罪名的适用和定罪后对集资诈骗数额的认定。主观随着时间的流逝和事态的发展发生变化在非法集资案件中非常普遍,一份以陕西省西安市 2012 年至 2016 年五年来审查起诉

[①] 根据我国刑法理论,侵占罪的成立简单而言就是对本来合法保管或占有（比如借用）的他人之物或遗失物,产生了非法据为己有的意图,并拒不交还。参见刑法第 270 条。

[②] 当然,对于个别款项是否是集资计划中涉及的款项是另一个可以提出抗辩的问题,由此也会影响整体集资数额的认定和被害人受偿。对此,笔者将在最后一个章节进行论述。

[③] 参见 David R. Hague, *Expanding the Ponzi Scheme Presumption*, 64 DEPAUL L. REV. 867(2015)。

的全部非法集资类案件(涵盖非法吸收公众存款和集资诈骗案件)为数据样本的分析发现,该市检察院五年内起诉的非法集资类案件66.6%都是集资持续三年以上才案发的,有些案件甚至达到十年以上。在这个过程中,行为人的主观形态不可能是静止不变的。① 比如,在广东的黄咏泉案中②,自 2011年 9 月起,黄咏泉向亲友及社会公众吸收资金数额达 2.6625亿元,其中 1.2 亿被用于项目前期土地收购。但因其开发的项目只有投入没有产出、运营周期长,且所借资金利息高,导致资金缺口日趋增大,最终导致了 1.9 亿的社会公众经济损失。从 2014 年 5 月开始,黄咏泉在明知其资金链已经断裂、严重丧失偿还债务能力的情况下,仍隐瞒上述事实真相,以经营开发项目的名义继续向社会公众募集资金数额达 1.2 亿,吸收的资金绝大部分被其以"拆东墙补西墙"的方式偿还了之前的借款本息,另有一部分资金用于购买自用的豪车、豪宅,以及用于疯狂下注参与赌博等违法犯罪活动,仅外围"六合彩"、外围足球的赌博其就输掉了上千万元。公诉人认为,黄咏泉在资金链已经断裂、严重丧失偿还债务能力的情况下,以经营开发项目的名义继续向社会公众募集资金数额达 1.2 亿,绝大部分后期吸收的资金使用方向为偿还前期借款本息,购买自用的豪

---

① 参见刘娜、杨涛斌:《论集资诈骗罪"非法占有目的"认定之分歧——以司法实践为视角》,载《中国检察官》2017 年第 12 期(上),第 6—10 页。
② 参见(2017)粤刑终 1739 号裁定书。

车、豪宅,以及下注几千万元参与赌博等事实,证明其集资后期产生了非法占有目的。最终二审法院认为,2014 年 5 月以后,上诉人肆意挥霍被害人的财产,已完全置被害人的资金安全于不顾,推定其在此期间的集资行为具有非法占有他人财物的主观故意。所以,广东省高级人民法院维持了一审法院对上诉人非法占有目的产生于 2014 年 5 月的推定。因此该案中集资诈骗的数额也是从 2014 年 5 月开始计算的,认定金额是 1.2 亿元。[①]

此外,对于从头到尾都混合了正常经营行为的集资行为中是否具有非法占有意图的判断也是非常重要的,和判断犯意转化情况下诈骗意图产生时间点一样,都决定了犯罪数额的认定,同时也充满困难。但对于犯意转化的时间判断,以及在混合了合法经营目的和非法占有目的的集资行为中,对非法占有目的的产生时间和指向数额这两个方面的判断事实上

---

① 但是,尽管这种时间段的认定会产生定罪量刑上的区别,但对于所涉所有集资款的处理上,这种区分的意义有时候并不是特别大。因为,如果"非法占有"目的产生之前的集资阶段也被认定是非法的,而非正常的民间借贷(比如,非法吸收公共存款罪的成立并不要求具有这种"非法占有"的目的,只需要符合公开性、公众性等前述四性即可),那么只会产生分阶段定罪的效果——"非法占有"目的产生之前的行为可以界定为非法吸收公共存款罪,后一阶段界定为集资诈骗,然后数罪并罚。但这两个阶段涉及的集资款均为犯罪所涉款项,在处理方式上并没有什么不同,都是"追缴"。被"追缴"的财产要么用于返还投资者或偿还民事债务,要么用于罚金刑或没收财产刑的执行。

可以合并考察,适用同一套判断指标。

目前,我国多项法律解释给出了一些判断指标,而这些指标有和美国的庞氏骗局判断指标高度重合的态势。

法释[2010]18 号第 4 条规定:

具有下列情形之一的,可以认定为"以非法占有为目的":

"(一)集资后不用于生产经营活动或者用于生产经营活动与筹集资金规模明显不成比例,致使集资款不能返还的;

(二)肆意挥霍集资款,致使集资款不能返还的;

(三)携带集资款逃匿的;

(四)将集资款用于违法犯罪活动的;

(五)抽逃、转移资金、隐匿财产,逃避返还资金的;

(六)隐匿、销毁账目,或者搞假破产、假倒闭,逃避返还资金的;

(七)拒不交代资金去向,逃避返还资金的;

(八)其他可以认定非法占有目的的情形。

集资诈骗罪中的非法占有目的,应当区分情形进行具体认定。行为人部分非法集资行为具有非法占有目的的,对该部分非法集资行为所涉集资款以集资诈骗罪定罪处罚;非法集资共同犯罪中部分行为人具有非法占有目的,其他行为人没有非法占有集资款的共同故意和行为的,对具有非法占有目的的行为人以集资诈骗罪定罪处罚。"

高检诉[2017]14 号第 2 条第二款 14 项规定:

"犯罪嫌疑人存在以下情形之一的,原则上可以认定具有非法占有目的:

(1)大部分资金未用于生产经营活动,或名义上投入生产经营但又通过各种方式抽逃转移资金的;

(2)资金使用成本过高,生产经营活动的盈利能力不具有支付全部本息的现实可能性的;

(3)对资金使用的决策极度不负责任或肆意挥霍造成资金缺口较大的;

(4)归还本息主要通过借新还旧来实现的;

(5)其他依照有关司法解释可以认定为非法占有目的的情形。"

同时,其同款第15项继续规定:

"对于共同犯罪或单位犯罪案件中,不同层级的犯罪嫌疑人之间存在犯罪目的发生转化或者犯罪目的明显不同的,应当根据犯罪嫌疑人的犯罪目的分别认定。

(1)注意区分犯罪目的发生转变的时间节点。犯罪嫌疑人在初始阶段仅具有非法吸收公众存款的故意,不具有非法占有目的,但在发生经营失败、资金链断裂等问题后,明知没有归还能力仍然继续吸收公众存款的,这一时间节点之后的行为应当认定为集资诈骗罪,此前的行为应当认定为非法吸收公众存款罪。

(2)注意区分犯罪嫌疑人的犯罪目的的差异。在共同犯罪或单位犯罪中,犯罪嫌疑人由于层级、职责分工、获取收益方式、对全部犯罪事实的知情程度等不同,其犯罪目的也存在不同。在非法集资犯罪中,有的犯罪嫌疑人具有非法占有的目的,有的则不具有非法占有目的,对此,应当分别认定为集资诈骗罪和非法吸收公众存款罪。"

此外,法[2001]8 号第 2 条第三款第三项明确指出:"在处理具体案件时要注意以下两点:一是不能仅凭较大数额的非法集资款不能返还的结果,推定行为人具有非法占有的目的;二是行为人将大部分资金用于投资或生产经营活动,而将少量资金用于个人消费或挥霍的,不应仅以此便认定具有非法占有的目的。"

综合看来,目前,立法在对于集资行为中非法占有意图的认定态度上,除了吸收庞氏骗局的各项指标之外,还既想采取综合判断态度,又不愿意放弃运用单一指标进行认定的简单粗暴的方式,呈现出一定程度的犹疑态度。比如,法释[2010]18 号第四条以及高检诉[2017]14 号二(二)14 所列举的指标均为择一认定即可,尤其是法释[2010]18 号第四条所列举的3、5、6、7 项均涉及"逃避返还",其中第 3 项更是直接描述了"携带集资款逃匿",但其实即使不逃匿,即使不能适用集资诈骗罪名,集资人也会面临非法吸收公众存款的定性处罚。这种判断方式并不科学,不能排除集资人将集资款投入了所承诺的生产经营,只是由于经营失败,资金链断裂,为了逃避牢狱之灾,临时起意"逃避返还",但集资过程中并不存在"非法占有"意图的情形。当然,这种认定是一种可以推翻的推定,因此立法才使用了"原则上"这一用语。

和立法态度相对应的是,在实践中,主观认定确实始终是一个争议巨大的难点。有关研究显示,关于主观非法占有方面的争论在所有集资诈骗案件的抗辩意见中占据了极大的比例:一份随机选取了 2012 年至 2018 年 130 份二审(即终审)集资诈骗判决的研究表明,在这 130 份样本中,"检察机关认定行为人为集资诈骗罪,而其辩护人主张应是民间借贷或者无罪的有 13 个(占 10%);公诉机关认定行为人为集资诈骗罪,而辩护人主张其是非法吸收公众存款行为的有 113 个(占86.9%);检察机关认定行为人犯集资诈骗罪,辩护人主张其是诈骗行为的有 4 个"[1]。鉴于非法吸收公众存款罪的认定与集资诈骗的认定关键区别就是主观的非法占有,可以认为这86.9%的争议率均为主观方面的争议,此外,在有关民间借贷和无罪的占比 10%的辩护中,必定都会涉及主观不具备非法占有的辩护意见。显而易见,即使客观方面不符合非法吸收公众存款及集资诈骗的行为模式,如果不攻破主观方面,仍然可以以其他类型的罪名定罪。由此可以初步得出结论,由于非法吸收公众存款罪以及集资诈骗罪除了主观方面的区别

---

[1] 周沫:《集资诈骗罪"非法占有"的司法认定:基于 130 份裁判文书的实证分析》,辽宁大学刑法学专业硕士学位论文,2019 年,第一部分,第 2 页。

外,客观方面的构成要件类同,且打击面太广,很多行为范式均可被纳入其中,因此和主观方面相比,从客观方面找到突破点的几率很低。

这些主观方面的争论直接导致最高人民法院发布了两个司法解释和一个纪要,以此作为推定集资诈骗罪非法占有目的的依据,即 1996 年的审理诈骗案件若干问题的解释、2001 的审理金融犯罪会议纪要、2011 年实施的非法集资案件具体应用若干问题解释,可见实践中争论的激烈性。

上述结论在很多轰动一时的案件中也得到了印证。例如,在我国,近年来对非法集资案件的讨论总是绕不开 2012 年著名的吴英案①,吴英案件中存在诸多争论点,其中最重要的就是主观方面,具有标杆性的意义。

二、吴英案件的意义

吴英,曾轰动一时的东阳富姐,1981 年出生于浙江省东阳

---

① 参见 2009 年 10 月 29 日吴英案一审判决书,浙江省金华市中级人民法院刑事判决书,(2009)浙金刑二初字第 1 号;2012 年 1 月 6 日的吴英案二审判决书,浙江省高级人民法院刑事裁定书,(2010)浙刑二终字第 27 号。注意:我国刑事案件的编号日期方式有一定的变化,早期按照案件受理日期而非判决日期编号,因此编号日期和最后的判决日期会出现差异,后来逐渐统一为按照判决日期进行编号;案件表述方式也和西方有较大区别,一般表述为被告人姓名＋案由,而非标注控辩双方。

市一个小镇,18 岁辍学经商,仅有中专学历。2006 年秋天,时
年 26 岁的吴英以亿万富姐的身份突然出现在东阳。吴英在东
阳等地购置大量固定资产,并高调向东阳歌山镇西宅小学和
磐安贫困大学生分别捐赠 80 万元和 50 万元。并在此期间,注
册成立了本色集团,集团旗下拥有十五家公司及分公司,建立
所谓的"家居市场、建材市场和本色概念酒店","一个全新的
商业模式"。至此,各地媒体开始关注吴英,并以大量篇幅报
道吴英暴富的神话。在人们纷纷探寻吴英如此快的富有的原
因时,一部分人开始对吴英的资金来源产生怀疑。就在本色
集团扬名半年后,2007 年 2 月,吴英在首都机场被金华市警方
拘留,东阳政府一纸公告将本色集团查封、遣散了工作人员。
至此,暴富神话终结。经查,吴英以注册公司、扩大经营为由
以 100%到 400%的高额利息向林瑞平等 11 人①借款人民币
77339.5 万元。至案发时,尚有 3.8 亿没有偿还。②

---

① 而这 11 个人又面向公众以金字塔模式层级性筹资,涉及投资者人数达
400 余人。http://news.jxnews.com.cn/system/2014/09/01/013298070.
shtml。

② 实际上,该案的资产处分问题一直悬而未决。2015 年 5 月 19 日,人民网
还刊登新闻,题为"吴英案资产处置无实质进展,东阳市:一直在研究",
http://js.people.com.cn/BIG5/n/2015/0519/c360305-24912585.html;
在吴英被警方控制后,东阳市政府于 2007 年 2 月 10 日发布《东阳市关于
本色集团有关事宜的公告》,责成相关部门组成清产核资组,负责本色集团
及相关公司的资产清算、财务审计、债权债务登记等工作。然而,本色集团
的债务至今没有归还,造成单位和个人拖欠本色集团的债务无法主张权
利。吴英及其家人就涉案财产的处置问题曾两次提起行政诉讼,(转下页)

在一审中,吴英本人认为其行为性质是非法吸收公众存款,没有实施诈骗行为,也没有意图将集资款非法据为己有。吴英认为,本色集团是在实际运营的,如果其不被抓起来、本色集团不被查封,根据其所制定的计划实施,很有可能将这些集资款归还权利人。在二审中①,吴英认为其不但主观上没有非法占有集资款的目的,客观上也没有实施诈骗行为,吴英的行为是民间借贷行为。在缺少资金的情况下,通过融资注册成立公司是比较常见的现象,吴英投资本色集团,不可能一开始就知道自己的经营就一定会失败。她和林卫平等11个其直接面对的债权人都是朋友,比较熟悉,谈不上诈骗。由此,其在一审和二审中辩护点的主要差异是其融资行为是否具有公开性和公众性,认为由于面对的仅仅是11个人,且符合法律解释中筹资对象为"亲友"的免责条款,因此不具有公开性和公众性。有意思的是,本案从一审到二审再到最高法的死刑复核程序,乃至否定死刑立即执行的发回重审,再到重审最终判

　　(接上页)均未得到立案,2018年,通过再审程序,最高法介入该案财产处分问题。参见最高法院介入吴英案!财产处置问题成关键,搜狐新闻,2018年1月29日,https://www.sohu.com/a/219537334_391478。但迄今为止还没有进一步的消息。

① 需要注意的是,我国的二审,即上诉审,并非西方国家意义上的"review",而是进行全面审查的另一次"trial",尽管其中有些二审案件不需要开庭,但依然奉行对证据的"全面审查"原则。

处吴英死刑缓期执行①的若干程序中,那 11 个吴英直接面对
的投资人都被认定为被害人,很多学者认为吴英案判决不当
的争论点都集中在对这些被害人的分析上,有的学者认为本
案不存在真正意义上的"被害人",因为这 11 个投资者对吴英
的经营行为完全明知并深度参与②;还有的学者则认为当时学
界对于此案犯罪构成以及主观要件的讨论不值一提,真正的
要点是根据德国的受害人教义学(Viktimodogmatik)学说发
展趋势而言,吴英案的 11 名投资人属于不值得同情的"违法的
影子银行中的经济人及高利贷投机者",对于这类犯罪的认定
和量刑要全方位考量被害人的参与性③,也即认为吴英案中的
投资者都是些资深投资人(Sophisticated Investor)。当然,这
类投资者在民事责任上所承担的自我保护的义务比一般投资
者更多,从比较法的角度而言,这一点也得到了美国有关立法

---

① 2012 年 5 月 21 日的吴英集资诈骗案再审刑事判决书,浙江省高级人民法
　院(2012)浙刑二重字第 1 号。2014 年,减刑为无期徒刑,(2014)浙刑执字
　第 484 号刑事裁定;2018 年,吴英进一步被减刑为 25 年有期徒刑,刑期从
　2018 年起算,(2018)浙刑更 70 号刑事裁定。根据刑法第 50 条第 1 款的
　规定,这已经接近其可能减刑的极限——除了针对 7 类暴力犯罪的限制减
　刑,实际执行期限不能少于 25 年外,其他犯罪死缓,经减刑后,实际执行刑
　期不能少于二十年(不含死刑缓期执行的二年)。
② 如全国优秀公诉人熊红文:"吴英案:集资诈骗案没有'被害人'",《法律与
　生活》2012 年 3(上),第 8—9 页。
③ Huasheng Huang, *A Discussion on Crime and Punishment of Wu Ying
　Fund-Raising Fraud from the Perspective of Viktimodogmatik*, 3 China
　Legal Sci. 148(2015).

的肯定①。而且,与普通诈骗罪和其他金融犯罪相比,集资诈骗罪是"行为人—被害人互动性"最强的罪名,甚至有学者认为,由于很多刑事诈骗行为和民事欺诈高度混同,②行骗者和受害人难以区分,传统的大陆法系刑法教义学缺乏价值判断和现实关怀,德国对于经典诈骗范式以及三角诈骗等传统犯罪模式的讨论在金融链条日益复杂化的今天已经过时,应该在考量民事救济是否存在可能的情况下,综合评估诸如行为人身份是否公开、真实等要素进行去犯罪化与否的评定。当然,这些讨论也承认:在集资诈骗中,往往涉及金额和人数众多,已经丧失了民事救济和私法救济的可能。③ 但笔者认为这并非本案的重点,抛开这 11 人是否属于值得同情的"被害

---

① H. R. REP. No. 73 - 85,at 5(1933)(Conf. Rep.)。有关 Sophisticated Investor 在庞氏骗局的案件中应处地位的论述,可参见 Felicia Smith, *Madoff Ponzi Scheme Exposes the Myth of the Sophisticated Investor*, 40 U. BALT. L. REV. 215(2010)。

② 在很多西方国家,诈骗就是诈骗,无所谓刑事案件中的诈骗还是民事案件中的诈骗,在不同诉讼程序中提起诈骗指控或者因民事赔偿诉求提起的诈骗指控,它们之间的唯一重要区别仅仅在于诉求内容不同,从而导致证据规则的不同,比如证明责任和证明标准适用上的不同。但是在我国,由于检察官的起诉自由裁量权没有那么大,因此,通过立法形式区分一种欺诈行为是犯罪还是仅仅导致一种民事责任的承担就具有了更为重要的意义。

③ 参见高艳东:《诈骗罪与集资诈骗罪的规范超越:吴英案的罪与罚》,载《中外法学》2012 年第 2 期,第 411—439 页。

人"①不谈,吴英直接接触的集资对象仅限于这 11 个人的事实
并不能说明其集资行为不具有公开性和公众性。② 由此在客
观方面无论如何都符合现行法规定的入罪可能性,所以,真正
有意义的辩论点还是落到了是否具有"非法占有"的诈骗故
意上。

　　尽管对于非法集资的认定,我国的立法并不关注所集资
的钱是用来进行实际商业经营还是货币、资本经营,还是根本
没有所谓的经营行为。但充满矛盾的是,是否进行了所承诺

---

① 实际上,根据这 11 个人的参与程度,笔者认为不应该将其认定为被害人,
　而应当认定为是和吴英共同谋划并执行集资计划的共谋人,与吴英形成共
　犯形态。当然,非法集资案件中存在着众多针对某些参与者是否能划分为
　共犯,还是划分为被害人的讨论,同时也会影响犯罪数额的计算;此外,针
　对集资类诈骗,笔者认为如果符合庞氏骗局等诈骗模式,不存在以私法救
　济或主动偿付债权的补偿行为冲抵刑事追诉的可能性:各类庞氏骗局的
　受众具有无限扩展的可能,且资金链的断裂是不可避免的;此外,犯罪人的
　人身危险性、社会危害性极高,其行为模式和对这些行为的处理方式具有
　较高的示范性,如果以私法救济优先作为原则,在我国现行的法律体系下,
　刑事和民事领域的界限将被严重地模糊化。但为了集中讨论焦点,笔者不
　打算在本研究中就这一点展开讨论。
② 这一点不仅得到了当时该案司法判决的认可。也催生了 2014 年 3 月 25
　日"两高"联合公安部出台的《关于办理非法集资刑事案件适用法律若干问
　题的意见》(简称《集资案件意见》),其中明确指出:"'向社会公开宣传'包
　括以各种途径向社会传播吸收资金的信息,以及明知吸收资金的信息向社
　会公众扩散而予以放任等情形。"据此,行为人虽然只是向少数人传达集资
　的信息,但少数人传播给社会公众后,其他人主动要求出资,而行为人吸收
　其出资的,符合"向社会公开宣传"的条件。同时,"出资者随时可以增加"
　就构成了面向"社会公众即社会不特定对象"。参见张明楷:《刑法学(第
　五版)》,北京:法律出版社 2016 年版,第 778—779 页。

的经营行为却是一个判断是否具有"非法占有"意图的重要的辅助性依据。

针对这一主观性问题,控方的公诉策略主要集中于吴英的"挥霍行为",认为吴英挥霍了 3000 多万,其中 2000 万购买了 40 多辆汽车。以此反推"非法占有"的意图。辩方认为,购置大量房产、高级轿车是公司的正常投资经营行为。除了在侦查阶段吴英的供述外,没有客观证据证明吴英用集资款购买高档衣服、皮包,吃几万元一顿的饭,即便吃高档饭,作为法定代表人的吴英宴请公司的合作伙伴,也不属于个人挥霍。且对于大部分集资款用于生产经营,小部分用于个人消费的情形,不能认定具有非法占有目的。① 但这一辩护意见并未得到认可。该案之后,公众都在质疑,吴英"骗来的钱"究竟哪里去了? 从浙江高院的回应看,仍然只是吴英挥霍了 3000 多万,其中 2000 万购买了 40 多辆汽车。不知这么多汽车究竟是都由吴英一人使用,还是用在本色集团旗下的汽车租赁公司和婚庆公司? 抛开这 3000 多万不论,剩下的 7 个多亿哪里去了? 这些"诈骗款"又有多少用在生产经营中? 对这些问题的回答至今还不太清晰。②

---

① 参见浙江省高级人民法院 2010 浙刑二终字第 27 号刑事裁定书。
② 新闻:《吴英案细节缺失引发争议 浙江回应被指含糊》,人民网 2012 年 2 月 12 日,https://china.huanqiu.com/article/9CaKrnJucFx。

三、吴英案之后的司法实践

吴英案似乎为"挥霍"——这一针对非法集资案件中"非法占有"的主观目的的证成方式打开了实践的道路。在该案发生的时间前后,"挥霍"这一证明模式不断出现在司法判决之中,并通过最高法、最高检指导性案例或典型案例分析的发布得到了进一步的强化和固定。

（一）杜益敏集资诈骗案

2003年至2006年6月间,被告人杜益敏在投资美容业、化妆品生意亏损,少量投资房地产开发后退出投资,投资越南矿山和浙江青田钼矿未成的情况下,仍以上述投资项目需要大量资金为幌子,并伪造富阳花园房地产开发公司投资开发协议书、收据、银行电汇凭证及公章等,以月息1.8%至10%的高额利息为诱饵,采取用后笔集资款支付前笔集资款本息的手段,在浙江省丽水市莲都区、缙云县等地,先后向杨福娇等人及其他社会公众非法集资共计人民币7.09亿余元。集资所得除归还部分本息外,用于购买房产、汽车、挥霍等,至案发尚有1.28亿元未能归还。①

---

① 北大法宝经典案例,【法宝引证码】CLI.C.1762064;判决案号:【案号】(2007)丽中刑初字第35号;(2008)浙刑二终字第59号;(2009)刑二复83970555号。

本案发生的时间和吴英案非常接近,但杜益敏并没有吴英那么幸运,法院认为,其以高额利息为诱饵,非法向公众集资,其行为已构成集资诈骗罪。欺诈的数额极其巨大,造成了极其巨大的经济损失。犯罪情节特别恶劣。同时认定其不具备法定从轻或减轻处罚的情节。一审判决后对其的量刑为死刑立即执行,该案最终经浙江省高级人民法院二审,认为一审认定的事实清楚,证据可靠充分,定罪准确,量刑适当,审判程序合法,维持了一审的死刑判决,并且剥夺政治权利终身,并没收全部个人财产。最高人民法院之后核准了死刑。[①]

值得注意的是,在该案中,杜益敏的辩护意见和吴英案件中的辩护意见有类同之处。杜益敏提出,其具有开办美容院、化妆品公司、矿山投资、房地产投资等 4000 余万元的投资行为,一审认定其以上述投资为集资的幌子有误;其不存在非法占有目的,不构成集资诈骗罪,仅构成非法吸收公众存款罪。[②] 但这一抗辩理由并没有得到采纳。

从判决的说理部分,我们可以得出以下结论,对杜益敏集资诈骗的"非法占有"目的的证明主要是从以下几个方面展开的:

1. 杜益敏在无自有资金的情况下,以高额利息为诱饵向

---

① 北大法宝经典案例,【法宝引证码】CLI. C. 1762064;判决案号:【案号】(2007)丽中刑初字第 35 号;(2008)浙刑二终字第 59 号;(2009)刑二复 83970555 号。
② 同上注。

社会公众大量集资。①

对这个理由的论述基础主要是杜益敏开办的美容院和化妆品公司均处于亏损状态,但其在资金全部亏空的情况下,其隐瞒了自己的亏损事实,仍然以高息借款的方式集资。

2. 杜益敏并未将 7 亿余元集资款全部用于实际投资,而是采取拆东墙补西墙的方式用于归还前期本金和利息、挥霍、购买房产等。杜益敏集资的理由系投资房产、矿山、化妆品等。经查,其真正投资化妆品仅仅为几十万元。曾到越南考察矿山,但并未投资。参与青田钼矿竞标,因未中标而未投资。参与投资丽水市火柴厂地块项目和浦江岭秀南街项目中共有 1700 余万元,后抽回投资,归还以前拖欠的集资款,退出投资。开设的溢城投资有限公司和处州房地产公司,抽逃出资后,均未经营任何业务。②

这个证明理由的本质即:无论出于何种理由,杜益敏的投资额大大少于其集资额,而大量集资款除了被用于归还债权人的利息之外,都被挥霍了。

3. 杜益敏在集资过程中虚构了事实。杜益敏虚构投资富阳花园房产项目。其投资青田钼矿未中标、退出了火柴厂项

---

① 以上证明观点总结自最高人民法院法官高洪江对本案的评析,参见高洪江:《杜益敏集资诈骗案——集资诈骗犯罪案件中的几个问题》,载《人民司法·案例》2009 年第 18 期,第 4—7 页。

② 同上。

目开发后,越南矿山投资未成等情况下,仍以该项目为由继续集资,本质上亦为虚构事实。[1]

在这个与吴英案几乎同期爆发的案件中,集资规模与吴英案非常接近,其被查证的投资都是实业投资,并未涉及更复杂的金融资本运作,而案发时其未归还投资者的金额也大大小于吴英案中的未归还金额,但由于种种原因,杜益敏的案件虽然被列为了经典集资诈骗案件,却远不如吴英案那么轰动。这些原因可能包括其经营规模没有吴英大,直接集资对象直接面对公众,而不是像吴英那样非常隐蔽地只直接面对十几个人,因此对于集资公众性的争议性不大。而且其业务经营活动乏善可陈。但无论如何,"挥霍"性消费还是成为了一个对其"非法占有"意图的有力支撑论据。

(二) 最高法发布的集资诈骗案件典型案例

2010 年 6 月 17 日,最高人民法院发布了四起集资诈骗案件的典型案例,作为此类案件审理的指导[2],这些典型案例的发布影响深远。而在这些案例中,无一例外的都涉及了"挥霍"型证明模式。以下均为最高法发布这些相关案例时的原

---

[1] 参见高洪江:《杜益敏集资诈骗案——集资诈骗犯罪案件中的几个问题》,载《人民司法·案例》2009 年第 18 期,第 4—7 页。

[2] 参见最高人民法院官方网站,http://www.court.gov.cn/zixun-xiangqing-1126.html。

文节选,同时也可以在北大法宝数据库经典案例库中查询到
相关索引。

1. 唐亚南集资诈骗案

唐亚南原系安徽省万物春科技开发有限公司董事长、法
定代表人,曾因犯诈骗罪、脱逃罪于1989年被判处有期徒刑十
六年,1999年被假释。2004年6月至2007年3月,唐亚南伙
同他人以高额回报为诱饵,夸大、虚假宣传万物春公司养殖梅
花鹿的经营状况,在安徽、河南、河北、山东、江西、江苏、北京
等7省市116县区,以万物春公司的名义先后与49786人(次)
签订《联合种植养殖合同书》,非法集资人民币9.73亿余元,所
得款项绝大部分被唐亚南等人用于个人购车、购置房产、挥
霍、转移隐匿以及支付先前集资的本息、发放高额集资业务奖
励及业务提成等。至案发时止,尚有集资款人民币3.33亿余
元无法归还,并导致一名被害人自杀。

亳州市中级人民法院以集资诈骗罪判处被告人唐亚南死
刑,剥夺政治权利终身,并处没收个人全部财产。宣判后,唐
亚南不服,提出上诉。安徽省高级人民法院经开庭审理,依法
驳回唐亚南的上诉,维持原判,并依法报请最高人民法院核
准。最高人民法院经复核后,核准了死刑立即执行及相关没
收财产的判决。①

———————

① 【法宝引证码】CLI. C. 3014325。

2. 孙小明集资诈骗案

浙江省杭州市中级人民法院经审理查明：2006 年 12 月至 2007 年 11 月间，被告人孙小明以支付高额利息为诱饵，以杭州之江度假区发明售寄行、杭州长荣投资管理有限公司转塘分公司等需要资金为由，并虚构投资拍电视剧需要资金等事实，在杭州市先后骗取刘大龙等 28 名被害人集资款共计人民币 1466 万元，所得款项除少部分用于支付集资款利息外，大部分被孙小明用于赌博、还债、高利放贷及挥霍等。至案发时止，尚有集资款人民币 1299 万余元无法归还。

杭州市中级人民法院以集资诈骗罪判处被告人孙小明死刑，缓期二年执行，剥夺政治权利终身，并处没收个人全部财产。宣判后，孙小明服判，未提出上诉。浙江省高级人民法院经复核，依法核准对孙小明的上述判决。①

3. 吕伟强集资诈骗案

浙江省丽水市中级人民法院经审理查明：2004 年 8 月至 2008 年 3 月，被告人吕伟强以支付高额利息为诱饵，虚构工程招投标、与他人合伙做外贸生意、投资基金等资金用途，采取出具借据、签订借款协议等方式，在浙江省丽水市莲都区、缙云县、青田县等地非法集资人民币 2.6 亿余元，所得款项除用于偿还前期集资款、支付高额利息外，其余部分被吕伟强用于

① 【法宝引证码】CLI. C. 3014326。

在澳门赌博、购买房产、汽车等个人挥霍。至案发时,尚有集资款人民币 4038 万余元无法归还。2008 年 4 月 24 日,被告人吕伟强向公安机关投案自首。

丽水市中级人民法院以集资诈骗罪判处被告人吕伟强死刑,缓期二年执行,剥夺政治权利终身,并处没收个人全部财产。宣判后,吕伟强不服,提出上诉。浙江省高级人民法院经审理,依法驳回吕伟强的上诉,维持原判。①

4. 张元蕾集资诈骗案

广东省广州市中级人民法院经审理查明:1997 年 7 月至 2007 年 7 月间,被告人张元蕾利用中国人寿保险股份有限公司广州市分公司保险代理人的身份,以到期返回本金及每月高额回报为诱饵,虚构险种,并私刻公司印章制作假保险单证,欺骗被害人胡卫东等多人投保,收取上述人员"保险费"共计人民币 2125 万余元,骗取款项除用于支付被害人到期的高额利息外,其余部分被用于个人挥霍。至案发时止,尚有集资款人民币 488 万余元无法归还。

广州市中级人民法院以集资诈骗罪判处被告人张元蕾有期徒刑十二年,并处罚金人民币 10 万元。宣判后,张元蕾不服,提出上诉。广东省高级人民法院经审理,依法驳回张元蕾的上诉,维持原判。②

---

① 【法宝引证码】CLI. C. 3014327。
② 【法宝引证码】CLI. C. 3014328。

最高法发布的这几个案件对案件情节的描述简直如出一辙，用语平淡，甚至有些乏味。读后感觉这些案件是在为一种相对固定的此类判决的叙事模板反复提供样本。不过，除了孙小明外，其他案件的当事人均不服判决，提出了上诉，但对于这些案件的抗辩意见最高法均未公布。

（三）最高检发布的指导性案例分析

相比起最高人民法院发布指导性案例的频率而言，最高人民检察院发布指导性案例的频率较低。然而，无独有偶，在2018年7月3日最高人民检察院发布的第十批指导性案例的（检例第40号）案例中，涉及的就是一起以新型网络模式进行非法集资的案件。该案被认定为集资诈骗。根据最高人民检察院对案件的事实描述，2011年2月，被告人周辉注册成立中宝投资公司，担任法定代表人。公司上线运营"中宝投资"网络平台，借款人（发标人）在网络平台注册、缴纳会费后，可发布各种招标信息，吸引投资人投资。投资人在网络平台注册成为会员后可参与投标，通过银行汇款、支付宝、财付通等方式将投资款汇至周辉公布在网站上的8个其个人账户或第三方支付平台账户。借款人可直接从周辉处取得所融资金。项目完成后，借款人返还资金，周辉将收益给予投标人。

运行前期，周辉通过网络平台为13个借款人提供总金额约170万余元的融资服务，因部分借款人未能还清借款造成公司亏损。此后,周辉除用本人真实身份信息在公司网络平台注册两个会员外,自 2011 年 5 月至 2013 年 12 月陆续虚构 34 个借款人,并利用上述虚假身份自行发布大量虚假抵押标、宝石标等,以支付投资人约 20％的年化收益率及额外奖励等为诱饵,向社会不特定公众募集资金。所募资金未进入公司账户,全部由周辉个人掌控和支配。除部分用于归还投资人到期的本金及收益外,其余主要用于购买房产、高档车辆、首饰等。这些资产绝大部分登记在周辉名下或供周辉个人使用。2011 年 5 月至案发,周辉通过中宝投资网络平台累计向全国 1586 名不特定对象非法集资共计 10.3 亿余元,除支付本金及收益回报 6.91 亿余元外,尚有 3.56 亿余元无法归还。案发后,公安机关从周辉控制的银行账户内扣押现金 1.80 亿余元。[①]

　　关于这个案件,最高人民检察院还专门较为详尽地列举了整个法庭辩论的要点,对这些辩论要点和法庭的最后采纳意见进行观察是非常有意思的,从这些辩论可以发现,在这个指导性案例中,尽管距离吴英等前述案件已经过去了十几年的时间,但是对于主观"非法占有"故意的证明方式仍然没有脱离本世纪初的轨迹,尽管"挥霍"性的判断要素和其他资金缺口、生产经营的问题混杂在一起,但可以看出,"挥霍"仍然

---

① 参见周辉集资诈骗案(检例第 40 号),最高人民检察院关于印发最高人民检察院第十批指导性案例的通知(高检发研字〔2018〕10 号)。

是一个占据了极其重要地位的证明要件，甚至可以说成了一个关键性要件。本案的论辩过程非常具有代表性，值得详细阅读。

在该案中公诉人发表了如下公诉意见：被告人周辉注册网络借贷信息平台，早期从事少量融资信息服务。在公司亏损、经营难以为继的情况下，虚构借款人和借款标的，以欺诈方式面向不特定投资人吸收资金，自建资金池。在公安机关立案查处时，虽暂可通过"拆东墙补西墙"的方式偿还部分旧债维持周转，但根据其所募资金主要用于还本付息和个人肆意挥霍，未投入生产经营，不可能产生利润回报的事实，可以判断其后续资金缺口势必不断扩大，无法归还所募全部资金，故可以认定其具有非法占有的目的，应以集资诈骗罪对其定罪处罚。

辩护人提出：一是周辉行为系单位行为；二是周辉一直在偿还集资款，主观上不具有非法占有集资款的故意；三是周辉利用互联网从事P2P借贷融资，不构成集资诈骗罪，构成非法吸收公众存款罪。

公诉人针对辩护意见进行答辩：第一，中宝投资公司是由被告人周辉控制的一人公司，不具有经营实体，不具备单位意志，集资款未纳入公司财务进行核算，而是由周辉一人掌控和支配，因此周辉的行为不构成单位犯罪。第二，周辉本人主观上认识到资金不足，少量投资赚取的收益不足以支付许诺的

高额回报,没有将集资款用于生产经营活动,而是主要用于个
人肆意挥霍,其主观上对集资款具有非法占有的目的。第三,
P2P 网络借贷,是指个人利用中介机构的网络平台,将自己的
资金出借给资金短缺者的商业模式。根据中国银行业监管委
员会、工业和信息化部、公安部、国家互联网信息办公室制定
的《网络借贷信息中介机构业务活动管理暂行办法》等监管规
定,P2P 作为新兴金融业态,必须明确其信息中介性质,平台
本身不得提供担保,不得归集资金搞资金池,不得非法吸收公
众资金。周辉吸收资金建资金池,不属于合法的 P2P 网络借
贷。非法吸收公众存款罪与集资诈骗罪的区别,关键在于行
为人对吸收的资金是否具有非法占有的目的。利用网络平台
发布虚假高利借款标募集资金,采取借新还旧的手段,短期内
募集大量资金,不用于生产经营活动,或者用于生产经营活动
与筹集资金规模明显不成比例,致使集资款不能返还的,是典
型的利用网络中介平台实施集资诈骗行为。本案中,周辉采
用编造虚假借款人、虚假投标项目等欺骗手段集资,所融资金
未投入生产经营,大量集资款被其个人肆意挥霍,具有明显的
非法占有目的,其行为构成集资诈骗罪。

　　法庭最终的态度认可了公诉人的意见,认为公诉人出示
的证据能够相互印证,予以确认。对周辉及其辩护人提出的
不构成集资诈骗罪及本案属于单位犯罪的辩解、辩护意见,不
予采纳。综合考虑犯罪事实和量刑情节,2015 年 8 月 14 日,

浙江省衢州市中级人民法院作出一审判决,以集资诈骗罪判处被告人周辉有期徒刑十五年,并处罚金人民币 50 万元。继续追缴违法所得,返还各集资参与人。①

在逐个详细阅读上述经典案例和指导性案例之后,不难发现,无论是传统非法集资案件,还是运用新名词、新技术、互联网进行的新型非法集资案件,对于集资诈骗的证明一直集中于"非法占有"的主观故意,而对于这一主观故意的证明又始终没有脱离开"挥霍"模式的束缚。这就使人们不禁会产生一种疑问:非法吸收公众存款案件中的被追诉人难道都过着一种清苦的生活吗? 都没有集资"暴富"之后的"挥霍"行为吗? 如果有的话,这种"挥霍"的上限是什么,以至于可以和"集资诈骗"中的"挥霍"有一个清晰的区别呢? 对这些问题的回答在"新金融"遍地开花的今天可能具有更为深刻的意义,因为在 P2P 等新的集资模式下,传统的生产经营活动往往是根本不存在的,因此也不存在集资款是否流向生产经营活动的问题,由此,在收益不足以偿还投资人本息的情况下继续集资,附加上"挥霍"的生活模式,可能会成为很多案件中判定"非法占有"故意的关键(当然,资金链断裂后携款逃跑等情况除外)。

遗憾的是,在现有相关判决中,我们看不出对这些问题的

---

① 参见周辉集资诈骗案(检例第 40 号),最高人民检察院关于印发最高人民检察院第十批指导性案例的通知(高检发研字[2018]10 号)。

回答,北大法宝的案例库对现有公开判决进行了分类,根据参照级别的权威性可以分为指导性案例、公报案例、典型案例、参阅案例、评析案例、经典案例、法宝推荐和普通案例若干类别,当然,典型案例以下级别的案例一般都是各地法院、检察院或者最高人民法院提供的,但指导性案例和公报案例都是最高法或者最高检发布的。对于集资诈骗案件而言,上述每个类别无一空缺。有意思的是,当查询非法吸收公众存款案件时,只有法宝推荐案例和普通案例两个类别,权威类别的案件列表为空白状态。这至少可以说明,相对于集资诈骗案件而言,非法吸收公众存款案件不具有"典型性",而这种典型性就体现在集资诈骗案件所特有的对"非法占有"故意的证明规则上面。也即,为了明确这一主观故意的证明规则,公诉机关和司法机关费劲了心力,并不轻松;但从另一个角度而言,正是因为这种规则的难以明确性,它又很容易被跨越,比如很难界定的"挥霍",以及大规模集资过程中基本都难以避免的"以新还旧"。

这一想法在详细观察研究法宝推荐的非法吸收公众存款案件的过程中得到了一定程度的印证:在笔者所翻阅的非法吸收公众存款案件的判决中,几乎都是在陈述集资方式之后,简单列出集资总数额,已归还投资人的数额,以及尚未归还的数额;有些做的比较细的判决则列出了针对主要投资人的每

笔归还数额,以及尚未归还的数额,①对于未偿还的款项去处
鲜有提及,更是没有出现任何"挥霍""借新还旧"等字眼。这
也从侧面说明这些字眼是区分这两个非法集资罪名的关键。
但没有对集资款的使用方向或已偿还的投资款的来源进行详
细说明,这种有意无意的回避实际上并不明智,因为这种讳莫
如深并不意味着这个问题就消失了,相反,由于缺乏必要的阐
述,对非法吸收公众存款罪中的被追诉人同样也存在"奢靡"
的生活方式及支撑这种生活方式的资金来源的猜测会一直持
续下去。同时,由于货币是种类物,而非特定物,如果没有明
确的证据证明集资项目运行良好,并且盈利,很难消除集资过
程中存在"以新还旧"的高度可能性。但如果真的运行良好,
这些集资项目又不太可能"暴雷"。

四、对"非法占有"目的证明模式的评析

实践中,行为人对集资款项的用途一般分为以下几种:第
一种,将全部筹集的资金用于个人挥霍;第二种,将筹集的资
金一部分用于个人挥霍,另一部分投入生产经营活动;第三
种,将筹集的所有资金全部投入生产经营活动。对于第一种
和第三种情况,主观状态不难认定,难点主要集中于第二种。

---

① 比如田明仙等非法吸收公共存款案,(2017)湘 31 刑终 73 号,【法宝引证
码】CLI. C. 9823416。

而且在实践中,对于非法吸收公众存款和集资诈骗这一类犯罪,由于立法在经济和金融管控以及开放民间借贷市场的幅度之间不停摇摆,是很难在事前进行预防的,"大部分的此类案件皆是由于行为人公司资金链断裂"而爆发。[①] 资金链断裂由此成了一个非常重要的判断指标,但这个指标显然非常不科学,容易陷入客观归罪[②];而吴英等案件的"挥霍"式证明模式尽管遭到了太多的批评,但还是在现行法律解释中保留了下来,且"挥霍"的具体占比判断始终没有一个明确的意见。当然,对于犯罪主观方面的判断,除非行为人自认,一般只能采用间接证据形成闭合式证据链的方式进行。从这个角度而言,将"挥霍"纳入判断要素并无明显不妥,但目前的立法和司法实践中根据列举式规定,凭借择一性单一要素进行推定的做法显然不符合证据链构成的科学证成程序。然而,这种做法仍然在我国的司法实践中普遍存在,比如对如何判断"非法占有"目的的起始时间的争论,在实践中主要集中在是以"明知所承诺项目不可能取得之日起计算"还是以"集资发起人以后续融资款归还之前到期融资款的行为"为判断要素,[③]而非

---

① 周沫:《集资诈骗罪"非法占有"的司法认定:基于 130 份裁判文书的实证分析》,辽宁大学刑法学专业硕士学位论文,2019 年,第一部分,第 6 页。

② 有关金融犯罪中客观归罪的论述,可参见刘宪权:《金融犯罪刑法学专论》,北京:北京大学出版社 2010 年版,第 472 页以下。

③ 参见刘娜、杨涛斌:《论集资诈骗罪"非法占有目的"认定之分歧———以司法实践为视角》,载《中国检察官》2017 年第 12 期(上),第 6—7 页。

是否应该综合所有要素做出全方位闭合式证据判断。尽管这
种判断是一种可以被相反证据推翻的推定,但是,在一个单一
判断要素被推翻之后,控方会轻松地换另一个判断性指标,因
此实践中实际上还是会准备多要素指控方案;而且,从证明的
难易程度而言,显然被追诉人要推翻推定并不容易。

在西方国家,即使不同法院的判决对庞氏骗局给出了诸
多不同的判断标准,但甚至在采用较低的优势证据的证明标
准的民事诉讼中,确认庞氏骗局的成立在经过多要素综合判
断之后,仍然不是一件容易的事情。[①] 那么,在显而易见的应
当谨慎做出综合性全面判断的逻辑下,为什么我国的立法仍
然采取了择一式适用这种显得有点简单粗暴的方式呢? 如果
仍然是出于限制民间融资对国家管控的挑战这一理由,显然
说不通,因为即使"非法占有"的目的不能证成,还可以退而求
其次成立非法吸收公众存款的指控,达到同样的国家管控的
目的。造成这种针对主观目的的择一式证明模式的原因必定
是更深层次的。在量刑方面,相比起非法吸收公众存款罪而
言,集资诈骗可以适用灵活度极高的没收财产刑,形成更大的

---

① 比如在前述 Hague 的研究中所提及的 NorVergence(In re NorVergence,
405 B. R.)案,Brandt v. Plains Capital Leasing, LLC〔(In re Equip.
Acquisition Res. , Inc.),483 BR. 823,834 (Bankr. N. D. Ill2.0 12)〕中,
以及 *Polaroid* 案中(*In re Polaroid*,472 B. R.),民事法庭的法官均没有
认定庞氏骗局的存在,参见 David R. Hague, *Expanding the Ponzi
Scheme Presumption*, 64 DEPAUL L. REV. 867(2015), pp. 900 – 904。

利益空间,从表面上看,这或许是背后的潜在原因之一。

但笔者认为,财产刑方面的考量其实并不足以解释这种对"非法占有"目的相对草率的判断标准的动因。尤其是在刑法第十一修正案同时取消了非法吸收公众存款罪和集资诈骗罪罚金刑的上限之后,这两个罪名之间的财产刑区别将被进一步消弭——没有上限的罚金刑和没收财产(尤其是在存在部分没收财产的量刑情况下)之间的区别无疑被缩小了,因此尽管第十一修正案的实施效果尚未显露出来,但可以合理推论的是:财产刑方面的考量对是选择适用非法吸收公众存款罪还是集资诈骗罪的定罪态度的影响将越来越小,也即对"非法占有"目的的认定的影响将越来越小。甚至可以说,由于第十一修正案对这两类犯罪自由刑方面差距的缩小化处理,刑罚本身对指控及定罪选择态度的影响也将越来越小。然而,第十一修正案并未撼动对"非法占有"目的的认定标准。

此外,有学者曾经指出:在实践中,办案提成是一些政府部门积极查处非法集资类犯罪的一个重要动因,这些办案提成从 20％至 30％不等,曾经一度成为普遍存在的潜规则甚至是明规则,以非法集资罪名为枢纽,形成了一个隐形的食物链。这种营利动机严重扭曲了司法公正,一个普通民间借贷案,可能就被办成了"非法吸收公众存款罪",甚至还能被办成

"集资诈骗罪",①从而通过没收类财产刑在非法获利之外对集资人的个人财产造成更大的影响。而在法律技术上,从非法吸收公众存款罪到集资诈骗罪的证成也并非难事,只要在非法吸收公众存款行为的基础上,证明嫌疑人"以非法占有为目的",符合最高人民法院《关于审理非法集资刑事案件具体应用法律若干问题的解释》第 4 条所列举的 7 种情形之一,或者高检诉[2017]14 号第 2 条第二款 14 项列举的 4 种情形之一即可。当然,这是 2014 年的学者研究,并没有得到官方认可,但这确实是一种合理的动机解释。此外,除办案提成外,贱卖犯罪嫌疑人的资产,也是可能发生的问题,当然这个问题不仅存在于集资诈骗案件中,也存在于非法吸收公众存款案件中。② 但是,办案提成

---

① 参见王涌:《非法集资罪令民企战兢兢 常问外国有这罪名吗》,载《经济参考报》2014 年 4 月 15 日,retrieved from http://finance. sina. com. cn/china/20140415/005918794231. shtml.

② 比如吴英案中上亿元的财产仅拍卖了 3000 万元,其豪车、珠宝等财产估价也很低。由此引发了广泛的社会议论。各大网站争相报道,比如新闻:《吴英案最大债权人:拍卖掉的财产至今没拿到 1 分钱》,新华在线新闻 2013 年 4 月 3 日,http://www. huiannews. cn/content/2013-04/03/content_4359966. htm;《近亿房产被以 3000 万贱卖 两起吴英案中案重审》,中国新闻网(New. China.)2012 年 11 月 26 日,http://www. china. com. cn/news/law/2012-11/26/content_27221155. htm;《吴英案中案由律师代理完成庭审 亿元房产贱卖或系被迫》,载《北京青年报》2012 年 11 月 28 日,http://www. mzyfz. com/cms/lvshijulebu/falvdongtai/jinritoutiao/html/804/2012-11-28/content-588513. html.

当然,官方的回应是不存在贱卖问题,参见新闻:《官方回应吴英案:处置资产时不存在所谓"贱卖"》,网易新闻 2014 年 9 月 1 日,http://news. 163. com/14/0901/01/A515GQ0F00014Q4P. html.

问题和低价拍卖问题在两类非法集资案件中都存在,而且并不与财产刑的执行直接相关,由此也不能成为对"非法占有"目的判定方式的解释理由。

因此,笔者认为,这种判断标准存在的最显著的功能就是进一步模糊这两个罪名之间的区别,使犯罪打击的罪名选择空间加大。但实践中究竟偏向哪一个罪名的选择还需要进一步分析,笔者将通过第四章的数据分析进行展现,并在第五章进一步深入探讨成因。

但无论如何,从目前的立法和司法模式而言,不仅民间借贷行为很容易构成非法吸收公众存款罪,甚至因为"非法占有"目的较为容易的证成模式,[1]理论上[2]也很容易上升为集资诈骗罪。但如果政府无限蚕食民间资本运行的空间,目前的经济增长将难以维系。因此,民间资本和当下司法现状的矛盾一直处于高度胶着和博弈状态,民间借贷和融资模式也

---

[1] 即使是 2019 年的《意见》在区分非法吸收公众存款罪和集资诈骗罪的关键问题——"非法占有"的主观性上的态度也没有本质变化,只是提及认定犯罪嫌疑人、被告人是否具有非法吸收公众存款的犯罪故意,应当依据犯罪嫌疑人、被告人的任职情况、职业经历、专业背景、培训经历、本人因同类行为受到行政处罚或者刑事追究情况以及吸收资金方式、宣传推广、合同资料、业务流程等证据,结合其供述,进行综合分析判断。这种综合判断并没有适用于"非法占有"目的的证成模式。

[2] 实际中是否有将案件往集资诈骗罪靠拢的倾向还需要进行数据考察。但无论如何,立法上造成的使非法吸收公众存款罪能够向集资诈骗罪轻易升级的状态,至少给执法者形成了本不该有的巨大的自由裁量空间。

一直向着更加隐蔽和复杂化的金融模式演变；同时，融资过程中政府资本的介入，甚至深度交织①，以及社会稳定和经济发展等诸多考量因素也在这场拉锯战中对司法的定罪量刑裁判走势起到了关键性的作用。

---

① 比如在云南"泛亚"案件中，在集资开始之初，云南昆明两级政府曾下达十四个红头文件发起成立昆明泛交所，十六家银行开通银商通道，中央电视台等媒体宣传。该案 2015 年案发，2019 年 3 月，云南省昆明市中级人民法院以非法吸收公众存款罪，对昆明泛亚有色公司判处罚金人民币十亿元，对云南天浩稀贵公司等 3 家被告单位分别判处罚金人民币五亿元、五千万元和五百万元；对被告人单九良以非法吸收公众存款罪、职务侵占罪判处有期徒刑十八年，并处没收个人财产人民币五千万元，罚金人民币五十万元；对郭枫、张鹏、王飚、杨国红等 20 名被告人分别依法追究相应的刑事责任。至本研究截稿，该案判决仍未上网，资料来源于新闻：《泛亚今天被判了！五年前他们这样骗了 400 亿》，转载《中国经济周刊新闻》2019 年 3 月 22 日，https://baijiahao.baidu.com/s?id=1628720974083492505&wfr=spider&for=pc。"巴铁"集资案也是打着"中国知识产权自主创新项目"的旗号大张旗鼓地登台的。参见新闻：《"巴铁"投资方华赢凯来案二审宣判，48 亿集资款无法返还，主犯获刑无期》，新浪新闻 2020 年 1 月 7 日，https://tech.sina.com.cn/roll/2020-01-07/doc-iihnzhha0889464.shtml；判决可参见北京市高级人民法院刑事裁定书 2019 京刑终 157 号，北京法院审判信息网，http://www.bjcourt.gov.cn/cpws/paperView.htm?id=100908848882，其中涉及 30 余名共犯。涉及 90 多万人，平台敛金超 745 亿元的著名的"e 租宝"等案件也有同样的性质。参见新闻：《最高检披露 e 租宝非法集资案件细节 平台敛金超 745 亿元涉及 90 多万人》，2016 年 4 月 27 日"界面"新闻，https://www.jiemian.com/article/627665.html。

第四章

数据分析： 对非法集资案件的司法裁判态度及走向

　　目前,对于什么样的融资行为构成非法集资类犯罪,我国的立法现状赋予了司法机关过大的裁量权,判断标准非常模糊,实践中,已经无法明确究竟有多少本来应该属于正常民间融资的行为被确定为犯罪,又有多少本应适用非法吸收公众存款罪的融资行为被升格为集资诈骗,而这其中有多少是真正具有诈骗意图的集资行为。① 对此,我们只能从历年相关案件的裁判数据上对这类案件的分布和规模获得一个大致的

---

① 这类案件必然有巨大的存在空间。比如具有标志性意义的孙大午案件:在民企融资难的大背景下,无数的民营企业家为资金问题百般挠头,孙大午也不例外。据相关资料显示,大午集团从 1985 年的两万元起步,近 20 年间除得到过两笔总计 430 万元的贷款外,再没有得到当地金融机构任何一笔贷款。尽管大午集团曾多次向金融机构递交贷款申请,但均石沉大海。从 1995 年开始,孙大午最早从亲戚朋友那里筹钱,后来扩大到大午集团内部员工及他们的亲友,逐步又扩大到附近几个村庄的村民,形成了几千户的借款规模。孙大午还给这种融资模式起了个新名称:"金融互助社"。孙大午创办的大午集团,简直是一个"社会主义试验区"。（转下页）

感受。

　　本研究所分析的数据有三个来源，一是官方数据库"中国裁判文书网"（http://wenshu. court. gov. cn/），以及以官方数据库为基础的各数据公司开发的数据库，比如北大法宝、无讼、北大法意等。但是需要说明的是，这些数据库中2014年之前的数据不具有太大的参考价值，而在2014年之后（含2014年）的数据中，参考价值较大的是2016年之后的数据。这是因为，尽管2010年判决上网的规定就已经颁行，但是各级法院在中国裁判文书网上公开的裁判文书到了2013年年底才有了一定规模。尽管之后各级法院对2010年之前的判决有一些选择

（接上页）那里有独立的工厂、公园、学校、医院，维系着几千名职工及家属的全部工作和生活。工厂、学校、公园满足了大家的生活需求；职工的日常消费又带动了服务业的发展，解决了就业等问题；另外，职工和村民支付很少的费用就能享受大午医院的合作医疗。每借到一笔资金，大午集团就给储户一份统一的借据作为凭证。存款到期后除本金外，集团还另支付3.3％的年利息，且不扣除利息税，相当于当时存款基准利率的2倍，这也给孙大午的入狱埋下了伏笔。这些钱存取完全自由，大午集团一直信守存款承诺，按时支付本金和利息。为使储户放心，集团规定他们的钱即使不到期也可以随时取出。从1996年到2003年，长达8年的融资活动中，储户和大午集团从没有发生过信用纠纷。甚至在孙大午案发后，也没有出现储户大规模挤兑的现象。引起社会广泛关注的"孙大午事件"，以10月30日孙大午一审被以非法吸收公共存款罪定罪，判处三年有期徒刑，缓期四年执行而告一段落。汤敏：《孙大午事件的"双输"结局》，中国经济网2003年3月20日，http://www. ce. cn/hgjj/sdpx/t20031120_214442. shtml；新闻：《孙大午在金融管制中跌倒》，新浪财经新闻2008年3月5日，http://finance. sina. cn/leadership/crz/20080305/14364583433. shtml。

性回溯性公开，但是数量很少，基本不具有参考价值。而随着
2014 年 1 月 1 日《最高人民法院关于人民法院在互联网公布
裁判文书的规定》（下称《规定》）的正式实施，司法机关的诉讼
裁判文书才在春节后开始正式地被大批量上传。① 继 2010
年、2013 年两个裁判文书上网规定后，最高人民法院于 2016
年发布了第三个裁判文书上网规定，即《最高人民法院关于人
民法院在互联网公布裁判文书的规定》（法释〔2016〕19 号，以
下简称 2016 年《裁判文书上网规定》或者新规定）。与之前的
规定相比，新规定增加了文书公开的全面性要求、强调了上传
时间的要求，细化了敏感信息的处理办法。但是，鉴于有些案
件按规定是不能公开数据的，② 有研究表明，尽管 2017 年制作

① 参见《大数据解读中国裁判文书网》，http://www.360doc.com/content/
15/0517/16/22551567_471231145.shtml。
② 新规定第 4 条规定："人民法院作出的裁判文书有下列情形之一的，不在互
联网公布：
（一）涉及国家秘密的；
（二）未成年人犯罪的；
（三）以调解方式结案或者确认人民调解协议效力的，但为保护国家
利益、社会公共利益、他人合法权益确有必要公开的除外；
（四）离婚诉讼或者涉及未成年子女抚养、监护的；
（五）人民法院认为不宜在互联网公布的其他情形。"
其中，以涉及国家秘密为由完全不公开的案件信息有很大一部分是死
刑复核案件，此外，刑法第一章"危害国家安全罪"中的所有罪名案件均不
上网，鉴于非法集资案件已经不适用死刑（和别的死刑罪名数罪并罚的除
外），且集资和投资人员均很少涉及未成年人，以及刑法第一章的内容，因
此该类案件的数据受到的影响相对较少。

的裁判文书多数在网上公开了文书(60％)或者文书基本信息(13％),但选择性公开现象仍然存在,一些重大案件(包括热点案件和指导案例)的裁判文书没有公布。再有,文书上传的及时性虽然有所进步,但仍有近 70％的文书没有在合理时间内上传。[①] 即使裁判文书从制作到上传客观上存在时间差,但有的甚至相隔半年到数年才上传公开。[②] 因此,裁判文书网的文书数量处于动态变化之中,不同时间点提取的数据会有不同。[③] 尽管如此,这些数据仍然有统计学上的参考意义。由于上传时间的滞后性,再考虑到受理案件和结案时间的区间,所以尽管本研究的数据会一直跟踪到 2019 年(2020 年刚开始,数据尚不具有对比价值),但较为稳定的数据参考区间应该在2014—2018 之间,其中,尤其值得关注 2016—2018 年的数据,来达到最准确的结果。

第二个来源是官方公布的统计数据。

第三个来源是其他学者的研究,笔者尤其关注了具有实践部门工作背景的学者的研究,因为他们所获得的本地区司法实践一手数据往往是大数据网站上所无法详细展示的,但也因为如此,他们的数据基本上具有高度的地域性特征,同时

---

① 杨金晶、覃慧、何海波:《裁判文书上网公开的中国实践:进展、问题与完善》,载《中国法律评论》2019 年第 6 期,第 125 页。
② 同上书,第 127 页。
③ 撰写本研究时,笔者分了五个时间段进行数据观察,相关数据基本呈稳定状态,最后的数据获取时间是 2020 年 11 月 30 日。

也有可能将有效数据时间推至 2014 年之前。

在这三个数据来源中，对于案件总量最权威的数据还是要看官方数据，尤其是每年两高的政府工作报告以及各省市检察院法院的工作报告，而数据库数据不仅可以作为一个辅助性参考工具，在和官方数据对比产生差异时，还能从一定的侧面反映目前我国司法裁量的速度、公开方式等诸多方面的问题，同时可以反映出司法裁判态度等官方数据中看不出的内容。

一、裁判文书网及商业数据库的数据分析

和官方的统计数据以及学者通过调研等方式获取的数据相比，对裁判文书网的数据获取有如下几点需要进行说明：

1. 由于前述为了保证数据稳定和相对可靠的原因，从裁判文书网上查询的数据限定为 2014—2019 年 6 年的区间。此外，需要强调的是，笔者从 2 月开始观察数据变化，本研究的初稿数据是 2020 年 3 月底获取的，而在 2020 年 11 月 30 日最后一次观察数据时，裁判文书网上所显示的 2019 年的数据相较于同年 3 月的数据已经发生了质的变化，这种变化足以影响数据模型趋势结论的改变，导致笔者不得不整体修改数据结论。相比而言，2019 年之前的数据虽然也和 3 月份时的取样有细微变动，但变化不太大，不影响数据结论的稳定性。从这个意

义上讲,如果要从裁判文书网上获取一个年份的有效统计数据,需要等在该年度过去至少一年之后,比如对于2020年有效数据的获取,至少需要等到2022年年初。

2. 所有数据均为已经获得裁判的案件数据,而非收案数据。

刑事案件在我国所要经过的程序从大的方面而言和美国差不多,都要经过侦查,起诉[①],审判,以及执行几个阶段。非法吸收公众存款以及集资诈骗的案件由于通常涉案人数较多,金额较大,因此一般要走普通程序,而非简易程序或者速裁程序。按照经验,一个案件从立案侦查到一审结束一般会需要一至三年,甚至更长的时间。而就审理程序而言,从收案到一审审结大致会在数月到一年左右。不排除有些案件会花费更长的时间。[②] 因此,具体的案发时间需要往前倒推一到三年。裁判文书网上的数据为各级法院各年度审判完毕的案件,而官方所公布的各类统计数据则大多关注各个流程的负责机关在每个时间节点上受理案件的数量,比如侦查机关立案侦查的数量,检察院接到侦查终结、移送审查起诉的案件数据,以及一审和/或者二审法院和/或者再审法院受理案件的数量。

---

① 但我国没有为了展开进一步侦查而进行的西方意义上的"charge"这一程序。
② 对该时间的估算无法通过法条的规定进行,因为个案差异非常大,很多会涉及程序的延长甚至倒流,而且在进入程序之后,很多案件的卷宗流转时间无法在现行法律中体现出来,完全是凭借多年办案的经验以及与同行交流得出的结论。

3. 在这些数据中，需要重点关注的是一审案件的数据。

我国的审理程序奉行的是"四级两审终审"制度，也即法院按照级别可以划分为四个层级，一个案件理论上经过两个级别法院的审理（即当事人有一次上诉权）即告终结。当然，立法还规定了特别救济程序，即审判监督程序（学理上又称为再审程序）。但由于特别救济程序的特殊性，实际上很难开启。针对这两类案件，裁判文书网上包含了所有程序的裁判文书，即包括一审、二审（即上诉审程序）、再审（分为再审审查程序和再审程序）、管辖争议程序、刑罚与执行变更、国家赔偿与司法救济程序、执行程序，申请没收违法所得和其他程序（比如审查案件是否需要公开审理及在互联网上公开数据的程序）。这些数据叠加在一起，可以反映每年各级法院在审理非法吸收公众存款以及集资诈骗案件中所有程序的流量，但只有一审程序的数据方可显示新发案件的数量（尽管真正的案发时间需要倒推）。

4. 在一审案件的数据中，需要重点关注判决的数量。

我国的裁判文书分为判决书、裁定书、决定书、通知书四类，另外还有一些不好归类的"其他"。其中，一审程序里真正涉及定罪量刑程序的是判决书，而裁定书和决定书主要针对的是程序性问题和部分减刑、假释等实体问题。[1] 比如裁定书

---

[1] 针对二审程序性问题而言，如果不涉及改判问题，对于驳回上诉，维持原判，发回重审等司法裁决，用的都是裁定。（刑诉法第 236 条）

主要涉及需要中止审理、终止审理、允许撤诉及查封、评估、变卖、拍卖涉案财产等事项（可能是审判中或所有涉及定罪量刑的程序完毕之后的单独新开的程序），或者对判决文书予以补正（很多是针对发回重审的案件）；而决定书主要针对决定取保候审、逮捕、庭审期间调取证据，以及延期审理等事项。通知书和其他则涉及：不在互联网上公布案情的理由，针对特定相对人就相关裁判进一步进行告知性的通知等事项，或如监视居住的执行通知等。

当然，一审判决书也会包括通过二审程序程序或者再审案件发回一审重审的案件（同样适用一审程序，可以上诉）。但考虑到发回重审案件的比例并不大，①一审判决数量还是能在最大程度上反映每年新发相关案件的数量。

---

① 在官方统计中，很难得到全国性的刑事案件的发回重审。但根据地方性研究，地方法院的偶尔公布的数据，以及同行交流，这个比例一般在7%—10%上下徘徊。参见李柏文：《刑事二审发回重审制度实证研究》，湘潭大学法学硕士学位论文，2014年，第二章（统计结果为7.6%）；郑州中院刑一庭张兴成：《2008年度刑事二审案件改判和发回重审情况的统计分析》，发布时间2009年9月23日（该院2008年发回重审率统计结果为11.67%），http://www.docin.com/p-1017137436.html；李杨杨：《刑事二审发回重审制度研究》，山东大学法律硕士学位论文，2019年，绪论第4页，对某市2014—2017年发回重审统计结果为6.75%。而再审是穷尽了普通救济手段的特殊救济手段，开启本来就极其困难。尽管理论上有未经上诉而导致一审判决生效，而后又打通特别救济程序，在特别救济程序中被发回一审法院的情况，但未经上诉审就打开再审通道的案件极其罕见，到了可以忽略不计的程度。而根据刑事诉讼法的规定，经过二审再开启再审程序的案件不会再发回进行一审，而是适用上诉审程序（第256条）。

5. 由于重点关注一审判决数量，对于其他程序的数据将不再进行判决书、裁定书、决定书、通知书和其他类型的划分，只看总量。当然，除了针对判决和裁定可以上诉之外，针对其他司法裁决均不可上诉。从这个意义而言，除一审之外，也没有再进行细类划分的必要。

6. 在我国刑事案件的级别管辖中，一般案件均由地方基层法院管辖，涉及危害国家安全犯罪、恐怖活动的案件，以及可能判处无期徒刑和死刑的案件，一审管辖权属于中级法院。高级法院和最高法院进行一审管辖几乎不可能，新中国成立以来只有"四人帮"一起案件是由最高法院进行一审的，[①]高级法院进行一审的案件为零。[②] 非法集资案件一般不涉及国家安全和恐怖活动，所以中级人民法院对此类案件进行的一审主要因为可能有较重的量刑。笔者专门统计了中级人民法院进行一审的案件数量。尽管如果不考虑数罪并罚的情况，非法吸收公众存款罪从来不涉及死刑，而集资诈骗罪的死刑也于 2015 年 11 月 1 日随着刑法第九修正案的颁行而废除，且死刑案件的数据在裁判文书网上体现得极其有限，但中级法院的一审案件至少表明适用无期徒刑的极大可能性。

---

① 1980 年 11 月 20 日至 1981 年 1 月 25 日，最高人民法院特别法庭在北京公开审理此案。新闻：《亲历者口述：审判"四人帮"上海余党》，央视网 2008 年 3 月 6 日，http://news.cctv.com/science/20080306/105704.shtml。
② 没有搜索到任何高级人民法院审判一审刑事案件的数据。

7. 同一年度列出的一审审结案件和二审审结案件的数字不能直接得出相关案件上诉率的答案。因为尽管有上诉期和审限的限制,但实践中面临复杂案件,司法机关会通过拉长案卷流转时间等不计入审限的时间点的方式延长审判时间。同样根据经验,非法集资类案件涉案人员和金额都比较复杂,从一审审结到二审审结一般时间间隔会在一年左右,像吴英案这样的案件一审和二审判决之间的间隔甚至历经近 2 年 3 个月。[①] 因此进行隔年对比可能得出的结论会更可靠些,比如2016 年的一审审结数量对比 2017 年的二审审结数量。但这种结论的得出由于有诸多变量,依然需要谨慎。

8. 我国的特别救济程序——审判监督程序的开启非常困难。尤其对于当事人而言,当其提出开启特别救济的请求时,大多数会石沉大海,小部分会进入审查程序;审查之后大部分会被驳回,更小的一部分会进入真正的再审程序。案件进入再审审查程序意味着之前的定罪量刑的正确性高度存疑。因此从这个意义上,能够开启再审审查程序就很不容易了。所以对于特别救济程序,笔者分别统计了进入审查程序的案件总量,以及最后进入再审程序的案件。

9. 在一个案件中,由于共犯存在的可能性,以及犯意转化的可能性,存在着同时被判处非法吸收公众存款罪和集资诈

---

① 参见前引"吴英案"一审、二审判决。

骗的可能,因此一份文书在不同的检索命令下可能会重复出现两次。但即便如此,这也并不影响统计的可靠性,因为是分别定罪的,对定罪总数没有影响。

（一）非法吸收公众存款罪裁判文书数据

表一　2014—2019 年各年份总体裁判情况

案件类型		年份	2014	2015	2016	2017	2018	2019
一审案件	判决	总数	1168	1881	3780	5463	6060	7630
		中院一审	22	22	56	79	75	33
	裁定		9	25	61	137	201	222
	决定		1	2	10	23	40	38
	通知		0	0	0	4	18	19
	其他		0	1	3	24	20	16
二审案件			180	331	1461	2455	2670	2824
审判监督程序案件	案件总量		26	47	91	247	433	571
	进入再审程序的案件		15	12	10	25	31	43
刑罚与执行变更程序案件			0	0	971	672	857	1016
刑事复核程序案件（死刑复核）			0	0	0	1（与故意杀人数罪并罚）	0	0

（续表）

年份 案件类型	2014	2015	2016	2017	2018	2019
国家赔偿法与司法救济程序案件	0	0	0	0	1	1
管辖争议	0	0	12	47	31	117
申请没收违法所得案件	0	0	0	0	0	2
执行案件	487	925	335	429	585	355
其他（如不公开审理信息的判定程序）	0	1	2	28	87	115
各类案件总计（该总计并非上述表格中所涉及案件司法文书数字的简单相加，还包括了未在本表中列出的裁判类型）	1385	2288	6305	9054	10386	12453

表二　各省一审判决分布
（除台湾之外，我国共有 22 个省，5 个自治区，4 个直辖市）

年份 地区	2014	2015	2016	2017	2018	2019
1. 北京（直辖市）	22	34	58	178	306	546
2. 天津（直辖市）	31	7	37	70	195	306
3. 河北	29	256	635	579	671	768
4. 山西	7	38	139	187	169	185

（续表）

地区＼年份	2014	2015	2016	2017	2018	2019
5. 内蒙古（自治区）	3	17	91	51	41	52
6. 辽宁	13	21	56	47	69	150
7. 吉林	17	21	54	38	60	124
8. 黑龙江	14	26	33	63	70	132
9. 上海市（直辖市）	11	63	134	413	662	1121
10. 江苏	186	152	282	355	407	693
11. 浙江	172	242	338	385	350	514
12. 安徽	67	70	120	160	184	164
13. 福建	152	143	259	409	331	342
14. 江西	12	34	74	148	132	168
15. 山东	68	128	235	279	306	375
16. 河南	223	274	469	982	926	838
17. 湖北	17	27	57	75	143	142
18. 湖南	17	44	93	167	249	299
19. 广东	25	47	146	174	168	194
20. 广西（自治区）	5	9	7	17	26	25
21. 海南	0	2	5	9	8	2
22. 重庆（直辖市）	26	62	60	96	87	55
23. 四川	22	66	182	334	346	276
24. 贵州	6	15	37	46	44	52
25. 云南	4	8	17	36	48	68
26. 西藏（自治区）	0	0	0	1	0	0
27. 陕西	15	75	116	248	222	204
28. 甘肃	1	6	10	37	40	56
29. 青海	2	3	6	10	7	4

（续表）

地区＼年份	2014	2015	2016	2017	2018	2019
30. 宁夏（自治区）	3	2	7	14	25	11
31. 新疆（自治区及建设兵团地区）	1	8	20	25	32	65

（二）集资诈骗罪裁判文书数据

表三　2014—2019 年各年份总体裁判情况

案件类型＼年份			2014	2015	2016	2017	2018	2019
一审案件	判决	总数	250	407	676	913	920	1023
		中院一审	96	100	120	167	148	114
	裁定		8	4	16	48	100	66
	决定		0	2	0	8	1	2
	通知		0	0	0	0	0	1
	其他		0	0	2	2	4	2
二审案件			67	109	470	735	674	767
审判监督程序案件	案件总量		5	15	34	89	87	131
	进入再审程序的案件		0	1	5	8	9	5
刑罚与执行变更程序案件			0	1	819	554	657	649

第四章　数据分析：对非法集资案件的司法裁判态度及走向

(续表)

年份 案件类型	2014	2015	2016	2017	2018	2019
刑事复核程序案件	0	0	0	0	0	0
国家赔偿法与司法救济程序案件	0	0	0	0	0	0
管辖争议	0	0	0	9	14	14
申请没收违法所得案件	0	0	0	0	1	
执行案件	374	653	107	58	43	53
其他（如不公开审理信息的判定程序）	0	0	1	6	18	11
各类案件总计（该总计并非上述表格中所涉及案件司法文书数字的简单相加，还包括了未在本表中列出的裁判类型）	695	1188	2018	2357	2462	2652

表四　各省一审判决分布
（除台湾之外，我国共有 22 个省，5 个自治区，4 个直辖市）

年份 地区	2014	2015	2016	2017	2018	2019
1. 北京（直辖市）	10	8	5	21	22	49
2. 天津（直辖市）	5	1	18	18	16	24

103

（续表）

年份 地区	2014	2015	2016	2017	2018	2019
3. 河北	7	14	32	42	56	50
4. 山西	9	5	20	39	30	25
5. 内蒙古（自治区）	1	5	3	5	7	7
6. 辽宁	2	19	36	23	24	43
7. 吉林	5	4	34	15	13	26
8. 黑龙江	1	1	8	11	19	16
9. 上海市（直辖市）	3	8	19	42	62	104
10. 江苏	24	27	36	42	45	100
11. 浙江	79	84	119	121	86	129
12. 安徽	17	29	39	33	62	54
13. 福建	10	31	33	30	39	22
14. 江西	3	14	16	45	52	30
15. 山东	13	19	37	49	33	53
16. 河南	15	36	73	148	137	93
17. 湖北	9	15	29	30	26	34
18. 湖南	7	13	26	60	70	72
19. 广东	8	11	58	81	76	51
20. 广西（自治区）	1	3	4	9	10	6
21. 海南	1	1	2	1	3	3
22. 重庆（直辖市）	1	5	10	7	9	7
23. 四川	19	30	37	67	75	47
24. 贵州	4	8	3	16	5	10
25. 云南	4	19	10	19	11	27
26. 西藏（自治区）	0	0	0	0	0	0

（续表）

地区＼年份	2014	2015	2016	2017	2018	2019
27. 陕西	3	10	6	15	21	28
28. 甘肃	1	2	6	2	6	7
29. 青海	0	2	8	7	3	0
30. 宁夏（自治区）	0	1	10	18	10	10
31. 新疆（自治区及建设兵团地区）	0	0	6	8	2	10

（三）对裁判文书数据的分析

1. 裁判整体态势

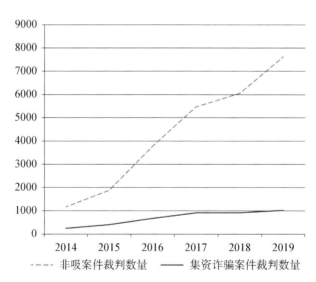

- - - - 非吸案件裁判数量　　——— 集资诈骗案件裁判数量

图 1　非法吸收公众存款罪一审判决数量和集资诈骗罪一审判决数量

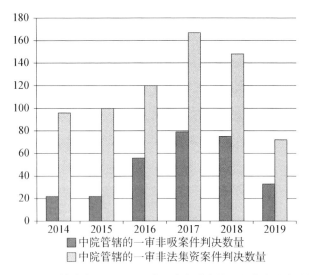

图2　中级人民法院管辖的一审非法吸收公众存款案件和集资诈骗案件数量对比

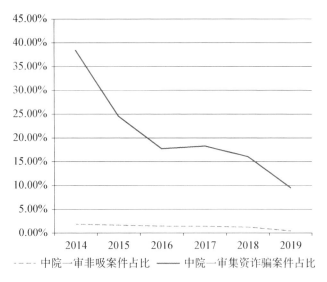

图3　中院做出一审判决的非法吸收公众存款案件和集资案件历年占比

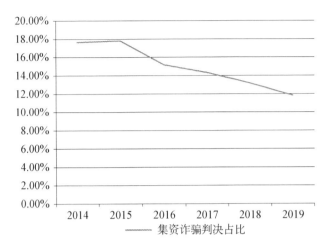

图4 集资诈骗案件判决在非法集资案件判决中的逐年占比

判决时间无法精确反映真正的案发时间，因为真实案发时间往往还需要再向前推1—3年，且随着时间的变化，数据还会有一定程度的动态补充。因此，真正的案发时间数据还需要考察官方数据和学者研究。但是，各年度司法机关对相关案件的裁判量和裁判时间是能够得到精确反映的，可以在很大程度上反映司法机关对非法集资案件的总体态度。

从一审判决文书的数量来看，2014—2019年之间，非法集资案件的年裁判数量上升幅度一直比较大。特别是对于非法吸收公众存款罪的判决而言，增幅更是明显。将两类罪名一审判决的总数相加，6年之间的数据分别为：1418，2288，

4456,6376,6980,8653,一直处于增长状态,尤其是 2019 年增幅很大。但无论在哪一个年份,集资诈骗罪的判决数量均大大少于非法吸收公众存款罪的判决数量,而且在分析相关数据后,可以发现,集资诈骗案件的判决量在总体非法集资案件判决中的占比逐年递减。这至少能说明两个问题:第一,被纳入刑法打击范围的民间借贷或者以民间借贷为名的集资行为总量在不断增加;第二,在司法裁判中,对于"非法占有"这一非法吸收公众存款和集资诈骗核心区别的认定日益谨慎,没有得到这一主观方面认定的案件被纳入了非法吸收公众存款罪名之下。

而从中级法院管辖的案件数量来看,集资诈骗罪名在绝对数量上明显高于非法吸收公众存款罪。当然,这也是立法导致的必然结果:与集资诈骗的无期徒刑的最高量刑不同,非法吸收公众存款罪的最高量刑还是没有突破有期徒刑,那么能纳入中院管辖的非法吸收公众存款罪案件一定是和别的罪名数罪并罚的结果,且并罚的其他罪名最高量刑一定在无期徒刑之上(因为有期徒刑的合并量刑在我国的限制加重原则之下,最高只能达到 25 年,出现无期徒刑以上可能时只能是被量刑更高的并罚性罪名所吸收的结果)。但中院管辖的一审集资诈骗和非法吸收公众存款罪案件总量经过逐年增长达到峰值之后,在 2018 年呈下降趋势。当然,2019 年的数据存量有可能随着 2020 年乃至 2021 年之间的新的判决书的制作发生变化。① 但从图二和图三综合而言，中院管辖的非法吸收公众存款罪案件占比基本平稳，并出现稳中有降的态势（除了在2019年下降幅度激增之外），而中院管辖的集资诈骗案件占比呈快速下降趋势。可以预见，即使存量得到充分释放，这个趋势也不可能得到根本性的逆转。由于级别管辖是在侦查终结报送检察机关时就确定了的，即中院对案件的一审管辖是对应级别检察院的公诉所引发的（进而言之，垂直领导的检察院系统经过案件评估，认为涉案嫌疑人/被告人可能被判处无期徒刑以上刑罚，应由和中院级别对应的市级检察院承办案件时，审判时司法管辖才可能进入中院的范围），因此这个下降趋势说明检察院在这类案件中对重刑求刑权的谨慎程度不断在上升。

此外，值得追问的是，为什么会出现这种现象？为什么在非法集资案件总体数量节节攀升的背景下，集资诈骗案在非法集资案件中的占比反而呈下降趋势呢？为什么国家对追求重刑处罚的意愿会下降呢？这一主要根据裁判文书网的裁判文书数量得出的结论可靠吗？对这些问题的回答还需要在后面的分析中层层展开。

---

① 比如2018年审结的案件，2019年判决书才做好，但是案卷编号依然是2018年的，进入数据库中仍然会被添加到2018年的裁判文书中。

2. 地域分析

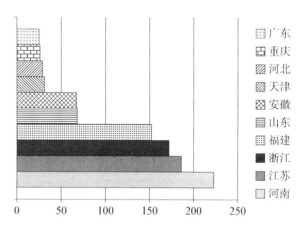

图 5　2014 年非法吸收公众存款罪一审判决案件量排名前十的地区

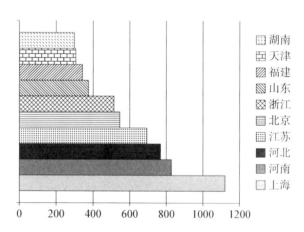

图 6　2019 年非法吸收公众存款罪一审判决案件量排名前十的地区

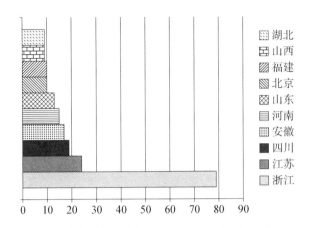

图 7 2014 年集资诈骗罪一审判决案件量排名前十的地区

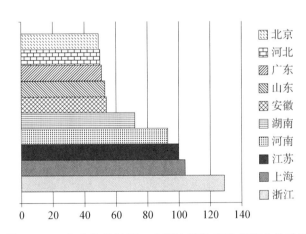

图 8 2019 年集资诈骗罪一审判决案件量排名前十的地区

从表二和表四的一审判决地区分布而言，首先，在地理位置上，表中所列地区以北京为中心向中部、北部、东北部、东部、南部和东南部、西南部以及西部地区展开。第二，案件逐渐在全国向纵深发展,各地开花,除无法统计的台湾地区之外,无一幸免(尽管西藏还没有集资诈骗的判决,但是也有一例非法吸收公众存款案件的判决)。第三,在统计开始的第一年,2014 年,非法吸收公众存款罪判决量占前十位的依次分别为(从高到低):河南、江苏、浙江、福建、山东、安徽、天津、河北、重庆和广东;五年之后,这个顺序变成了:上海、河南、河北、江苏、北京、浙江、山东、福建、天津和湖南;而历年综合指数占后五位的依次是(从倒数第一开始排):西藏、海南、青海、宁夏、广西。第四,就集资诈骗而言,2014 年前十位排名为:浙江、江苏、四川、安徽、河南、山东、北京、福建、山西、湖北;2019 年前十位排名为:浙江、上海、江苏、河南、湖南、安徽、山东、广东、河北、北京;历年综合指数排位最后五位的则分别为:西藏、海南、青海、甘肃、广西(宁夏紧随其后)。

可以看出,在地区分布上,东南部和中部始终是重灾区,西部不发达地区始终是低风险区。这当然和经济的发达水平呈正相关关系。由于非法吸收公众存款罪名是集资诈骗不能成立时的首先备选罪名,因此非法吸收公众存款罪的判决量更能体现非法集资案件总量走向,而集资诈骗的判决量更多地体现的是裁判态度是否强硬,即是否倾向于重刑打击。从这一点而言,根据非法吸收公众存款罪判决数量的体现,北京和上海的案件爆发期是近两三年才开始的,也即在 2016—2017 年左右,但其裁判态度比较强硬,在非法吸收公众存款罪判决量没有进入前十的 2014 年，对集资诈骗的认定量却进入了前十。西南地区的四川裁判态度上适用集资诈骗罪的倾向也比较突出。在 2018 和 2019 年（当然 2019 年的判决存量可能还没有释放出来）集资诈骗整体总量走低的时候，北京、上海、天津三个直辖市，以及东南部的浙江、江苏，东北部的辽宁、吉林、西部的甘肃、新疆，以及东部的山东等地区却有走高的趋势。鉴于集资诈骗在非法集资案件中的占比始终小于非法吸收公众存款，集资诈骗案件的走高趋势又能从侧面说明这些地区近些年来属于非法集资新增长点的高危地区，尽管其中西部的绝对数量一直很低。

此外，无论是从非法吸收存款罪判决的分布变化还是从集资诈骗罪判决的分布变化而言，我们都可以看出，在 2014 年时，排名最靠前的若干地区和排名稍微靠后的地区差异度呈断崖式；而到了 2019 年，在绝对数量普遍上涨的同时，排名前十的地区案件判决量差异度呈缩小趋势。

3. 其他问题

除了上述这些方面之外，通过其他各类裁判文书的数据显示，还可以体现出若干方面的问题：

第一，管辖争议在近年来的攀升趋势可以从一个侧面说明单个案件的辐射地区有扩大的趋势。按照 2018 年刑事诉讼法第 25 条的规定，各地案件管辖权的确定以犯罪地为原则，被告人居住地（包括法人犯罪中法人的主要营业地或登记地）为辅;犯罪地有多个的,以主要犯罪地为主,兼顾对最初案件受理地的尊重。① 因此,一个案件的管辖归属并不意味着犯罪行为的辐射就在当地,而管辖争议的出现更是能体现同一案件犯罪地多元化的一个重要指标。

第二,国家赔偿程序②的开启在针对集资诈骗案件时几乎为零,而针对非法吸收公众存款案件也只在 2018 年和 2019 年分别出现 1 起。这说明整体而言,非法集资案件翻案的可能性极低。当然这也可以从审判监督这一特别救济开启的极低比例窥见一斑。同时,这一点也得到了其他数据资源的佐证。比如,从专业的刑事案例商业检索工具"聚法案例"③检索到的 2016 年 11 月至 2020 年 3 月的 40271 件非法吸收公众存款的裁判案件中,平均刑期为 3 年 3 个月④,缓刑可能性为 6.68%,无罪率为 0%,免予刑事处罚(即定罪但不进行刑事处罚)可能性为 0.31%,其中有悔罪表现⑤的 11260 人次,有退赔退赃情

---

① 这个原则在 1997 年的刑事诉讼法中就已经确定,历经几次修订也没有改变。
② 主要是发现错案之后的赔偿程序,但需要依据权利人申请才能启动,国家不主动启动该程序。也即存在错判之后不启动的可能。
③ 该网站提供可视化检索数据,网址为 https://www.jufaanli.com/。
④ 为了数据的准确性,系统已经排除了共同犯罪和数罪并罚的情节。但由于去除了数罪并罚,因此所选择案件中非法吸收公共存款罪的量刑不高于有期徒刑 10 年,而非 15 年(因为刑法第十一修正案还未生效)。
⑤ 悔罪是可以从轻的量刑情节,往往会为被追诉人带来现实的量刑利益。

节的 8091 人次①；而相比而言，在同一时间阶段截取的 8288
件集资诈骗罪裁判案件中，有期徒刑中平均刑期为 6 年，有
240 个案件涉及无期徒刑（同样去除了共犯及数罪并罚的情
节），缓刑可能性 1.04％，无罪可能性 0.01％，免于刑事处罚可
能性 0.06％，有悔罪表现的 1547 人次，有退赔退赃情节的
1196 人次。

　　上面这些数据除了佐证非法集资案件极高的有罪判决率
之外，悔罪情节的低比率和更低比率的退赔情节不得不让人
担忧：在所有数据库检索的过程中，"民间借贷"均显示为辩护
中的高频词汇，如此之低的悔罪率无疑从一个方面体现了被
追诉人的抗拒心态，结合现行立法，也使人产生了有多少在西
方国家被认为是合法的借贷关系被纳入归罪体系的疑虑；而
低退赔情节则表现出了绝大部分的被害人或投资者可能无法
获得补偿的高风险局面。

　　最后，在这些数据中，需要注意的是较高刑罚的适用比
例，当然，由于非法集资案件一般涉及资金和人员都较大，这
一点也是题中之义。

　　当然，由于中国裁判文书网是对裁判数据的分析，而其他
商业数据库是以裁判文书网为基础进行的数据特色化整合，

---

① 注意，这里不是案件数，而是出现悔罪情节的人数情况，如果包括共犯情
况，这个数字可能会有所浮动，而一个案件中所有被追诉人均表现出悔罪
情节的案件总量应该比这个数字要低。

有期徒刑

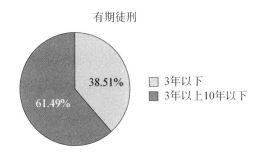

图 9　非法吸收公众存款罪的有期徒刑量刑区间

量刑幅度

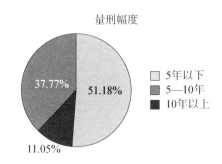

图 10　集资诈骗罪的有期徒刑量刑区间

因此尽管有自身的数据优势,但在反映实际案发量和涉案人数等问题上具有天然不足,这就需要官方数据进行补充。

二、两高历年政府工作报告数据

　　每年 3 月①,最高法和最高检都会做政府工作报告,总结

————————

① 2020 年由于抗击新冠疫情,"两会"推迟至 5 月召开。

上一年度的工作情况。其中，非法集资案件的数据会作为防范系统性金融风险的一部分不时出现。但是，如果要了解相对更为准确的案件数据，还是要着重关注最高检的报告以及地方各级检察院的工作报告，尤其是提起相关公诉案件的数据，如果再有批捕①数据作为补充就更好了。但是对于特定类型案件的批捕数据并非总是能在报告中体现。一个案件从案发到侦查终结时间不等，但根据刑事诉讼法第 91 条的规定，从案发时对相关涉案人员实施拘留措施到检察院对相关涉案人员批准逮捕②一般最长是 37 天（其中 7 天是检察院的审批时间），因此批捕数字是反映案件涉案人员数字最直观的数字。但如果这个数字的获取不全面，退而求其次可以观察提起公

---

① 我国的逮捕和很多西方国家，如美国，刑事诉讼制度中的逮捕含义不尽相同。我国的逮捕需要由一线侦查机关提交检察院审批，其引发的是较长时间的审前羁押状态——一般会长达数月或者更长的时间。而对于在逮捕之前可能存在的较短的羁押时间（最长 37 天），我国刑事诉讼中使用的是拘留这个词汇，我国的公开翻译版本中是"detention"，往往会引起国外学者的误读。而在正式的刑事立案之前，对于可疑违法者，警察还可以实施的 24 小时—48 小时（经县级以上公安机关批准，可以从 24 小时延长到 48 小时）的"留置盘问"，由于该措施则由于处于正式立案之前，因此没有规定在刑事诉讼法之中，而是在《人民警察法》第 9 条中予以规定的。
② 像非法集资这类案件批捕率会很高，因为和国外不同的是，在我国，取保候审的适用大多针对侦查机关和检察院在初期判断会被判处缓刑的犯罪嫌疑人，而非法集资的缓刑率很低。

诉的数字。① 这个数字会比法院收案数据距离案发时间稍近
一些,比案件审结数据就更准确了(因为判决具有延迟性)。

在 2012 年之前的两高政府工作报告中,均未出现对非法
集资犯罪的提及,而着重统计暴力犯罪和贪污等职务犯
罪。② 这说明这类案件在 2011 年之前尚未引起足够的重视。
在 2012 年的最高检工作报告中,这类犯罪数据并不明确,和其
他类型的犯罪混同了,用语是: 2011 年"加大打击严重经济犯
罪力度。依法批准逮捕走私、金融诈骗、非法集资、操纵股市、
非法传销③等严重经济犯罪嫌疑人 40604 人,提起公诉 54891

---

① 就非法集资案件而言,由于一般来说案情复杂,审查起诉的期间会用尽法
　定时间,尤其是在北上广综合刑事案件压力较大的地区,那么从侦查终结
　到提起公诉大约需要 7.5 个月。(综合考量刑事诉讼法第 172 条,175 条
　之规定)

② 参见《历年最高人民检察院工作报告(1980 至 2013 年)》,http://
　www. gov. cn/test/2008-03/21/content_925597. htm;《历年最高人民法院
　工作报告(1980 至 2013 年)》,http://www. gov. cn/test/2008-03/21/
　content_925627. htm。

③ 有很多传销是以传销形式的非法集资,非法集资是传销的隐形目的。目前
　二者正逐渐呈现一种融合性的趋势,对社会的危害也显著增加。但是传销
　又有自己的一些特点,比如组织结构必定是典型的金字塔型的。非法集资
　犯罪(这里仅指非法吸收公共存款犯罪和集资诈骗犯罪)虽然有时也有这种
　特征,但是不明显,呈层面状或链条状或轮状的情况居多。再者,一部分传
　销是搞传人头的,凭拉来的入伙人头得到回扣,没有形成任何债权债务关
　系,俗称老鼠会。另外传销在我国往往伴随着精神控制和人身控制。而就
　非法集资来讲,没有很明显的人身控制和精神控制。因此,从自愿性和投资
　债权形成的角度而言,本研究将该罪排除在了非法集资的讨论范畴之外,如
　果加上组织、领导传销活动罪(第 224 条第 1 款)的讨论,情况将更加复杂。

人，分别比上年增加 8.2％和 8.1％。"①而该年度的最高法工作报告对此没有进一步的补充。②

而 2013 年的最高检工作报告对这个数字的表述比前一年更为模糊："2008 年至 2012 年，共起诉走私、传销、制售假币、金融诈骗等破坏市场经济秩序犯罪嫌疑人 290730人。"③不仅进行了五年的总合报告，而且涉及罪名涵盖了整个刑法第三章的内容。最高法该年度工作报告没有提及相关数据。④

2014 年仍然采取了混同报告的态度：2013 年"依法惩治金融诈骗、合同诈骗、内幕交易、非法集资和传销等严重经济犯罪，起诉破坏市场经济秩序犯罪嫌疑人84202 人。"⑤

2015 年最高检报告稍见清晰：2014 年"依法维护金融管理秩序，起诉非法吸收公众存款、集资诈骗、内幕交易、保险诈

① 《2012 年最高人民检察院工作报告》，https：//news. qq. com/a/20120319/ 000858. htm。

② 《2012 年最高人民法院工作报告》，http：//www. gov. cn/test/2012-03/19/ content_2094709. htm。

③ 《2013 年最高人民检察院工作报告》，http：//www. gov. cn/2013lh/content_ 2359180. htm。

④ 《2013 年最高人民法院工作报告》，http：//www. gov. cn/2013lh/content_ 2359159. htm。

⑤ 《2014 年最高人民检察院工作报告》，http：//lianghui. people. com. cn/2014 npc/n/2014/0310/c382480-24592900-2. html。

骗等金融犯罪 22015 人,同比上升 12.2%。"①同年,最高法工作报告尽管依然关注各类审判工作,没有提及非法集资,但却罕见地出现了对民间借贷案件的统计,尽管仅限于民事领域:"各级法院审结一审……民间借贷案件 102.4 万件。"②

2016 年最高检工作报告直接将非法集资案件单列,甚至点名了该年度影响重大的个案:2015 年"突出惩治利用互联网金融平台进行非法集资犯罪,起诉非法吸收公众存款、集资诈骗等涉众型经济犯罪 12791 人,依法办理'e 租宝'③非法集资案等重大案件。"④

2017 年的报告继续着 2016 年的风格,明确表示 2016 年"突出惩治非法集资等涉众型经济犯罪和互联网金融犯罪,起

---

① 《2015 年最高人民检察院工作报告》,http://lianghui. people. com. cn/2015 npc/n/2015/0312/c394473-26681959. html。
② 《2015 年最高人民法院工作报告》,https://wenku. baidu. com/view/e786a 208f242336c1fb95e2f. html。
③ e 租宝(全称:金易融[北京]网络科技有限公司)是一家互联网金融 A2P 平台,由张敏和彭力于 2014 年 2 月 25 日在北京联合成立。2014 年,推出 "e 租年享""e 租月享"等融资产品。2015 年 12 月 16 日,e 租宝及其关联公司涉嫌犯罪,被立案侦查。2016 年 1 月,警方公布 e 租宝非法集资 500 多亿,涉及非法吸收公众存款、集资诈骗、非法持有枪支等多项罪名。2018 年 7 月,e 租宝被列入传销名单。参见搜狗百科,"e 租宝"词条,https://baike. sogou. com/v80090226. htm? fromTitle = e%E7%A7%9F%E5%AE%9D。
④ 《2016 年最高人民检察院工作报告》,https://www. sohu. com/a/63227293_119815。

诉集资诈骗等犯罪 16406 人，北京、上海等地检察机关依法妥善办理'e 租宝''中晋系'①等重大案件"，②甚至配了图表，说明刑法第三章的涉案人数为 96707 人，占到了 2016 年所有犯罪人数的 6.9％。③ 当然这包括了非法集资之外的刑法第三章的其他犯罪类型。

　　2018 年，最高检将非法集资犯罪和传销犯罪并列④，公布 2017 年"积极投入互联网金融风险专项整治，起诉破坏金融管理秩序、金融诈骗⑤犯罪 14.4 万人，是前五年的 2.2 倍。突出惩治非法吸收公众存款、集资诈骗、传销等涉众型经济犯罪，起诉 8.2 万人，北京、上海、湖南等地检察机关依法妥善办理

---

① 截至 2016 年 4 月 6 日，被告人徐勤策划、组织、指挥国太集团及其下属单位非法募集资金共计人民币（以下币种未经注明均同）400 亿余元，所募资金绝大部分被用于还本付息，向员工支付高额的佣金、工资和奖金，租赁高档办公场所并进行豪华装修，购买豪华车辆供高管免费使用，组织高管豪华旅游，广告宣传，徐勤及其亲属挥霍。至案发，实际未兑付本金 48 亿余元，涉及 1.2 万余人。参见上海市高级人民法院二审刑事裁定书，（2018）沪刑终 100 号。但所列举的判决只是一部分，由于涉及地区和人员众多，这类案件往往在各地区分案处理，在裁判文书网上以"刑事案件""中晋系"为关键词进行交叉查询后，全国各类裁判文书有 29 篇，而上述数据仅仅是其中一个判决所涉及的数据。
② 《2017 年最高人民检察院工作报告》，http://www.sc.jcy.gov.cn/zfyw/201703/t20170323_1966556.shtml。
③ 同上。
④ 这种并列可以视为凸显了传销和非法集资在犯罪方式上的混同趋势。
⑤ 在刑法第三章中，非法吸收公共存款罪位于第四节"破坏金融管理秩序罪"，而集资诈骗则位于第五节"金融诈骗"的第一个罪名。

'e租宝''中晋系''善心汇'①等重大案件"。② 同时,其中所列举的刑法第三章涉案人数暴增到 46.9 万人,尽管所占全年犯罪人数比例为 6.5％,③占比上仍然没有太大变化。④

2019 年的报告内容则为:2018 年"起诉非法吸收公众存款、集资诈骗、传销等涉众型经济犯罪 26974 人,同比上升10.9％,同时力促追赃挽损。"⑤

2020 年早在两会召开之前,最高检就于 2020 年 3 月下旬向官方媒体《法制日报》披露了相关数字:"2019 年全国检察机

---

① 善心汇被认定为一个非法传销组织,于 2017 年 7 月被查处,领导成员被依法逮捕。2018 年 12 月 14 日,湖南省双牌县人民法院对被告人张天明等10 人组织、领导传销活动,聚众扰乱公共场所秩序案一审公开宣判,判处被告人张天明有期徒刑十七年,并处罚金一亿元;对本案其他 9 名被告人分别以组织、领导传销活动罪判处一年六个月至十年不等的有期徒刑及罚金,同时追缴各被告人违法所得。2019 年 5 月 10 日,湖南省永州市中级人民法院依法对上诉人张天明、查方胜、宋文军等人组织、领导传销活动案二审公开宣判,裁定驳回上诉,维持原判。参见搜狗百科,"善心汇"词条,https://baike. sogou. com/v167974050. htm? fromTitle＝%E5%96%84%E5%BF%83%E6%B1%87。但所列举的判决只是冰山一角,裁判文书网上以"刑事案件""善心汇"为关键词进行交叉查询后,全国各类裁判文书高达 1625 篇。
② 2018 年最高人民检察院工作报告,https://baike. sogou. com/v167611550. htm#para1。
③ 同上。
④ 但是需要说明的是,拉低这个占比的部分原因是,这一年将原来属于行政法管辖的大量案件,比如酒驾案件入刑。当然,各类犯罪的犯罪人数也确实在绝对数字上暴增,这一现象是非常值得关注的。
⑤《2019 年最高人民检察院工作报告》,https://www. sohu. com/a/302324665_185860。

关起诉非法吸收公众存款犯罪案件 10384 件 23060 人,同比分别上升40.5％和50.7％;起诉集资诈骗犯罪案件 1794 件 2987 人,同比分别上升50.13％和52.24％",同时表示"特别是利用互联网实施的非法集资犯罪案件持续增加",在 2020 年,处理非法集资案件,追赃和挽回损失将成为最高法所要面对的攻坚战。[①] 相比起往年而言,这次数据的披露相当详细,直指具体案件类型的数量和人数,可以说是前所未有的。

综合这几年的最高检工作报告来看,最高检针对非法集资类犯罪的态度经历了一个从不太重视到关注,再到高度重视的过程。尤其是自 2015 年起,非法集资在报告中的明确度越来越大,甚至屡屡提到典型案件,对"e 租宝"案件连续三年提及,对"中晋系"案件连续两年提及。说明这个时期出现了全国影响巨大,处理难度前所未有的非法集资案件。而且,2019 年的报告中提及了追赃和挽回损失,从反面可以理解为财物追回和返还均出现了严重问题。有一点需要注意的是,2019 年所报告的涉案人员数字明显比 2018 年的报告数字要低,但是却用了"同比上升10.9％"的措辞,不知道是什么原因出现的这种矛盾,但无论如何这肯定是官方数据报告上的一

① 新闻:《投资公司非法吸收公众存款 64 亿余元|最高检发布第十七批指导性案例》,载《法制日报》2020 年 3 月 25 日, https://cj.sina.com.cn/articles/view/2087169013/7c67abf501900vvkt? from = finance&sudaref = www.sogou.com&display=0&retcode=0。

个重大失误。同时,非法集资案件整体呈大幅度上升的趋势是肯定的,这一点可以从其他数据得到佐证。

三、其他来源数据

尽管最高法在政府工作报告中始终没有对非法集资犯罪做出的明确的指向性说明,但却在 2019 年 1 月公布了一系列近年来办理此类案件的数据,并总结了非法集资犯罪的三大趋势:

第一,肯定了近年来的非法集资案件处于井喷式集中爆发期,案件数量持续上升的现状。

2015 年至 2018 年全国法院新收①非法集资刑事案件②分别为 5843 件、7990 件、8480 件、9183 件,同比分别上升 108.23％、36.7％、6.13％、8.29％;审结非法集资案件分别为 3972 件、6999 件、8555 件、9271 件,同比分别上升 70.1％、76.2％、22.2％、8.37％。非法集资刑事案件在 2015 年呈井喷式增长,此后虽然增幅有所放缓,但 2018 年以来 P2P 非法集资刑事案件集中爆发,案件数量持续增长。在办理非法集资

---

① 这里的新收案件指的都是一审新收案件,不包括二审、再审以及发回重审的案件,因此不涉及案件量的重复计算问题。

② 需要注意的是,最高法在这里公布的是案件数量,而非最高检工作报告中的起诉人数。而且这些数据没有再进一步划分非法吸收公共存款罪和集资诈骗罪,而是合一进行介绍的。

刑事案件中，始终坚持从严惩处的方针，严厉打击非法集资犯罪。2015年至2018年，集资诈骗犯罪案件的重刑率连续四年均超过70％①，监禁刑率连续四年均超过90％，远高于同期全部金融犯罪案件的重刑率和监禁刑率。同时依法用足用好财产刑，从经济上最大限度剥夺犯罪分子再犯罪的能力。②

这些数据得到了最高检的肯定。就在最高法发布上述数据的同一天，最高检召开新闻发布会，在介绍和最高法联合发布《关于办理非法集资刑事案件若干问题的意见》的背景时，明确提及："2016年至2018年，全国检察机关办理非法吸收公众存款罪、集资诈骗罪的案件数量呈逐年上升态势。办理非法吸收公众存款罪案件，2016年起诉14745人，2017年起诉15282人，2018年起诉15302人。办理集资诈骗罪案件，2016年起诉1661人，2017年起诉1862人，2018年起诉1962人……2018年，全国公安机关共立非法集资案件1万余起、同比上升22％；涉案金额约3千亿元、同比上升115％，平均案值达2千余万元、同比上升76％。一些案件涉案金额上十亿元

---

① 在我国，刑法对重刑犯并没有严格界定，但是实践中，一般认为，10年以上有期徒刑，无期徒刑以及死刑为重刑；3—10年的监禁刑为中期徒刑，3年以下为短期徒刑。
② 新闻：《两高一部明确非法集资"非法性"认定依据》，新浪财经网2019年1月30日，https://finance.sina.com.cn/money/bank/dsfzf/2019-01-30/doc-ihqfskcp1743808.shtml。

甚至上百亿元。"①

两高发布的这些数据在很大程度上证明了裁判文书网上数据分析的准确性：非法集资案件总量和涉案人数均逐年攀升，对集资诈骗案件的量刑较重。② 需要注意的是，最高检历年公布的被以集资诈骗罪起诉的人数以及 2020 年公布的集资诈骗案件数量处于不断增加的态势，和裁判文书网上显示的这类案件的走势一致，但裁判数量的增幅趋势出现了一定的出入，这种现象的出现有如下几种可能性：第一，法院在审理过程中修正了起诉罪名（我国法院有权力主动改变起诉罪名，直接作出其他罪名的裁判③）；第二，对于集资诈骗的判决很多没有上网；第三，对于集资诈骗案件，审理时间较长，导致案件存量无法及时得到释放。但可以肯定的是，无论在何种来源

---

① 新闻：《最高检公布非法集资犯罪新态势！四大特点速速辨别》，东方网 2019 年 1 月 30 日，http://news. eastday. com/c/20190130/u1a14575873. html.
② 但官方数据在这方面进一步修正了裁判文书网的取样，也即重刑占比高于取样数据。
③ 尽管充满争议，尽管有自我授权之嫌，但 2013 年《最高人民法院关于执行〈中华人民共和国刑事诉讼法〉若干问题的解释》214 条第 2 款，以及 2018 年刑事诉讼法第 200 条第一款，还是继续之前的立法态度，确定了这一权力："起诉指控的事实清楚，证据确实、充分，指控的罪名与审理认定的罪名不一致的，应当按照审理认定的罪名作出有罪判决。"但要求法院在变更起诉罪名前应听取控辩两方的意见，并且认为在必要时的情况下要组织控辩双方进行罪名认定的辩论。再有，明确了公诉机关对法院变更罪名提出回复意见的期限。243 条规定法院审理时发现可能影响定罪的新事实时，法院可以建议公诉机关补充或变更起诉，并规定回复的期限和处理的结果。

的数据中，在绝对涉案人数以及案件总量的增长上，集资诈骗是远低于非法吸收公众存款的。

　　这一点在地方性检察院公布的数据中也可见一斑。比如，以金融重镇上海检察院公布的数据为例，2014 年至 2018 年上海检察院受理的非法吸收公众存款案件分别为：56,101,309,618,1065 件，而集资诈骗案件数字则分别为：14,37,37,54,75 件，①集资诈骗增幅远低于非法吸收公众存款，变化趋势如下图：

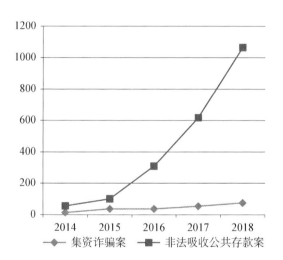

图 11　2014—2018 年上海检察院受理的集资诈骗案件和
非法吸收公众存款案件数量

----

① 新闻：《上海检察发布 2018 金融检察情况通报，非法集资类案件数量再创新高》，界面新闻 2019 年 9 月 9 日，https://baijiahao.baidu.com/s? id=1644201889791412629&wfr=spider&for=pc。

第二,非法集资手段网络化、多样化,从实体产品转向金融产品。

　　非法集资组织化、网络化趋势日益明显,线上线下相互结合,传播速度更快、覆盖范围更广。犯罪分子假借迎合国家政策,打着"金融创新""经济新业态""资本运作"等幌子,从种植养殖、资源开发、房地产开发向投资理财、网络借贷、股权众筹、虚拟货币转变,迷惑性更强,金融互助、消费返利、养老投资等新型犯罪层出不穷,互联网＋传销＋非法集资模式案件多发,层级扩张快,传染性很强。金融监管、防范打击难度加大,容易形成跨区域大案。据统计,2017年通过互联网宣传集资的案件达到案件总数的20%以上。①

　　第三,跨区域大要案审判处置难度大,社会维稳压力大。

　　跨区域重大非法集资案件不断出现,P2P领域尤为突出。这些案件涉及地域范围广、集资参与人众多、涉案金额巨大、社会影响重大,备受社会关注。许多案件在案发时往往资金链已经断裂,经济损失难以挽回,容易引发集资参与人不稳定因素,给案件审判、资产处置工作带来极大困难,给社会维稳

---

① 新闻:《两高一部明确非法集资"非法性"认定依据》,新浪财经网2019年1月30日,https://finance.sina.com.cn/money/bank/dsfzf/2019-01-30/doc-ihqfskcp1743808.shtml。

带来了极大压力。①

　　这一犯罪中融资模式的变化符合民间集资方式的演进路线,大数据平台的数字也证实了上述融资方式趋向的结论:截至 2018 年 6 月,腾讯灵鲲大数据金融安全平台累计发现网络非法集资平台 1000 余家,目前已立案查处 200 余家。从注册公司所在地来看,主要集中在沿海发达地区,如广东、上海、江苏、浙江等省市,且以广东省占比最高。② 非法集资平台往往以高息为诱饵,吸引投资,直接控制资金牟利,甚至跑路。报告还披露了 P2P 网贷平台相关数据。报告显示,腾讯灵鲲大数据金融安全平台累计发现 P2P 网贷机构 1 万余家,其中存在中高风险的占比约为 44%。从地域分布上看,P2P 网贷机构主要集中在广东、上海、北京、浙江、山东、江苏等人口较为集中的省市。报告认为,P2P 网贷违约风险升高。③ 2020 年 7月,杭州最大的 P2P 网贷机构——微贷(杭州)金融信息服务有限公司("微贷网"网贷平台)被警方立案侦查,涉案金额高

---

① 新闻:《两高一部明确非法集资"非法性"认定依据》,新浪财经网 2019 年 1 月 30 日,https://finance. sina. com. cn/money/bank/dsfzf/2019-01-30/doc-ihq fskcp1743808. shtml。
② 新闻:《2018 上半年互金安全报告:非法集资案件数量攀升》,中国新闻网 2018 年 8 月 28 日,http://finance. sina. com. cn/money/bank/bank_hydt/ 2018-08-29/doc-ihikcahe9297163. shtml。
③ 同上。

达 3000 亿,其中近百亿投资尚未返还。[①] 这从一个侧面印证了这一报告结论。

就在本研究要截稿之际,笔者突然看到一个官方新闻:据银保监会首席律师透露,全国运营的 P2P 网贷机构,已在 2020年 11 月中旬完全归零![②] 这种强制性、不加区别地裁撤 P2P网贷机构的做法一方面反映出了这个领域各类金融犯罪的普遍化和泛滥化,但另一方面也体现出了当下我国金融监管手段的欠缺,在面对该领域汹涌而至的金融风险时,无力规制和改造,最终只能选择了铲除这一产业的做法。行政权力的行动力显然是强大的,效果也立竿见影。但是这则新闻也承认,"P2P 后续影响仍未终结。运营平台清零不意味着待还余额清零,一些老百姓没有收回投出的本金,如果把那些折价和

---

① 新闻:《杭州第一大 P2P 被警方立案侦查:3000 亿借贷　近百亿未还!》,今日头条 2020 年 7 月 6 日,https://www.toutiao.com/i6845835516835791360/? tt_from=weixin&utm_campaign=client_share&wxshare_count=2&timestamp=1593924021&app=news_article&utm_source=weixin&utm_medium=toutiao_ios&use_new_style=1&req_id=2020070512402101002607608231ADBF70&group_id=6845835516835791360。

② 王靖一:《P2P 给我们带来了哪些教训》,载《环球时报》2020 年 12 月 1 日,https://3w.huanqiu.com/a/de583b/40v0TqEyR5r? agt=20&tt_from=weixin&tt_group_id=6901032876222087694&tt_from=weixin&utm_campaign=client_share&wxshare_count=1&timestamp=1606908839&app=news_article&utm_source=weixin&utm_medium=toutiao_android&use_new_style=1&req_id=20201202193358010130036139 2E065A37&group_id=6901032876222087694。

解、拿购物券和解的人算上，这个数量还要更多。另一方面，依然有相当数量定位模糊、业务打擦边球的互联网理财产品在继续经营，风险远远没有'归零'。如何切实保障普通出借人利益、追责平台实控人、避免类似风险发生，仍是当务之急。"①只要借贷供需的矛盾仍然存在，只要金融监管的漏洞依然存在，即使暂时再次被逼入地下，新的集资模式随时可以打着其他创新金融、创新服务的旗号（比如以"新技术""新革命""新政策""区域链""虚拟货币"……为幌子的各种集资活动）重新粉墨登场。

无论从何种数据考察，得出的结论都是比较稳定的：非法集资案件近年来在我国呈井喷状态；案件蔓延全国，难有幸免之地；涉案人数、资金量都不断攀升，集资人向规模化发展；集资手段日益复杂，网络和新金融被广泛利用；案发时大部分资金链已经断裂，涉案资金的追回成了一个难点，这必然导致被害人/投资人受偿困难重重，由此引发的社会不稳定风险巨大。而且，司法认定上大大倾向于适用非法吸收公众存款罪，

① 王靖一：《P2P 给我们带来了哪些教训》，载《环球时报》2020 年 12 月 1 日，https://3w. huanqiu. com/a/de583b/40v0TqEyR5r? agt = 20&tt_ from = weixin&tt_ group_ id = 6901032876222087694&tt_ from = weixin&utm_ campaign=client_share&wxshare_count=1&timestamp=1606908839& app=news_article&utm_source=weixin&utm_medium=toutiao_android &use_new_style=1&req_id=20201202193358010130361392E065A37& group_id=6901032876222087694。

而非集资诈骗罪。同时,可以预见的是,真正的诈骗者存在着利用此制度设计的极大可能。因为,相较于使用其他方式诈骗钱财而言,使用集资方式进行诈骗不仅更容易在短时间内骗取更大量的财富,而且被认定为较轻的犯罪——非法吸收公众存款罪的机会也很大,从而在同等犯罪情节下可能适用甚至比普通诈骗罪乃至其他诈骗类犯罪更轻的量刑。当然,随着刑法第十一修正案的实施,这种量刑上的差异有所缩小,但仍然存在。而且这种被缩小的差异本身就能表现一种立法态度:在面临可能涉及犯罪的民间集资行为时,为罪名选择的倾向性(从数据上看是向非法吸收公众存款罪倾斜)进行合理背书。也即,如果非法吸收公众存款罪和集资诈骗罪的量刑结果差不太多,普通民众,至少被告人将不太在意被以哪个罪名定罪。

但是,进行这种背书,从而实际上支持上述倾向的深层次原因是什么呢?而且,随着数据结论的稳定程度不断加强,之前的问题再一次摆到了我们面前,并且问题可能更加细致,而且这些问题和对背书问题的追问也高度相关:既然非法吸收公众存款罪和集资诈骗罪都具有维护金融垄断的功能,两者之间的界限由于犯罪构成的高度混同可以被轻易跨越,而适用集资诈骗罪还可以附加没收财产的量刑,同时施加更高的自由刑,从而起到更大的威慑作用,那么为什么两个罪名的定罪比例差别那么大呢?从理论上和逻辑上而言,P2P网贷机构掩盖自身资质,私自设立资金池等违规操作无疑可以认定为诈骗,而互联网非法集资案件已经占比 20％ 以上[1],加上使用其他诈骗方式进行的集资行为,集资诈骗罪的认定比例应该在非法集资案件中占比比现在高得多,但数据分析结果却并非如此,而是更加倾向于对非法吸收公众存款罪的认定。山东省高级人民法院刑事审判一庭调研组出具的一份调研报告认为,出现这一倾向性的原因是由于对集资诈骗的"非法占有"目的取证困难,不容易证明[2],但正如笔者在本研究第三章所分析的,根据现有的立法规范和司法实践,事实并非如此。那么,由于非法吸收公众存款罪和集资诈骗罪均具有维护金融垄断的功能,这种倾向性无疑说明非法吸收公众存款罪还有除了维护金融垄断之外的其他功能,或者还有别的原因导致了这两个罪名认定之间数据比例的巨大差异。

---

[1] 新闻:《定性更准,非法集资现原形》,载《人民日报》2019 年 1 月 31 日第 11 版。

[2] 参见山东省高级人民法院刑事审判一庭调研组:《关于非法集资犯罪的调研报告——以山东省 2013—2019 年案件为例》,载《山东法官培训学院学报(山东审判)》2020 年第 2 期,第 177 页。

投资人的诉讼地位认定及受偿状况对非法集资案件中司法定罪态度的影响

非法集资过程中必然涉及大量的投资者,在对这些非法集资案件中的投资人进行法律视角的审视时,一个令人惊讶的结果出现了:对投资人诉讼地位的考量将在很大程度上影响司法认定的态度。

一、对普通投资人诉讼地位的界定

非法集资涉及的主要罪名为非法吸收公众存款罪和集资诈骗罪。值得注意的是,这两个罪名对于涉案投资人/债权人的法律地位的界定却截然不同:在非法吸收公众存款罪中,这些债权人仅仅是"投资人",而在集资诈骗罪中,他们是"被害人"。这种认定上的差别究竟有何深意呢?

实际上,刑法对于非法集资中投资人的法律地位一直没有一个清晰的界定。但可以肯定的是,尽管非法吸收公众存款罪和集资诈骗罪共同位于刑法第三章,但它们所处的"节"并不相同。非法吸收公众存款罪位于第四节"破坏金融管理秩序罪"之下,其所侵犯的客体具有单一性,即社会主义经济秩序中的金融管理秩序。换而言之,该条款所保护的法益是国家的金融秩序,并不包含其他常见侵犯财产类犯罪所包含的"公私财产",可以被视为无被害人犯罪。① 而集资诈骗罪位于第五节"金融诈骗"之下,其侵犯的法益是金融管理秩序和基础诈骗罪法益——公私财产所有权的结合,即双法益,因此,就诈骗指向的法益而言,是存在被害人的。

2014 年,在《2014 意见》第五条中出现了"集资参与人"的概念,这一概念同时指向非法吸收公众存款案件和集资诈骗案件中的投资者。之后,各地非法集资案件要求投资人进行

---

① 对此,笔者持保留态度。笔者认为对该罪名章节位置的安排是存在不妥之处的,因为在非法吸收公共存款罪中,无法否认投资者遭到损害的事实,也即受害人是客观存在的。如果不存在非法吸收公共存款这个罪名,也即非法吸收公共存款的打击对象被视为合法民间融资的行为,那投资人即使受到损失也应该与民事法律关系中的自愿投资失败等同对待,应该为自己的失败投资买单。但是如果吸收公共存款的行为被作为犯罪化处理,那又另当别论,被卷入犯罪活动中的投资人只可能具备两种身份,要么是共犯,要么是受害人,否则无法解释没有被认定为共犯的那一部分投资人由于犯罪活动直接所遭受的现实的经济损失究竟是什么性质。而遭受了犯罪侵害的人如果不是被害人,也很难自圆其说。尽管前引 Huasheng Huang 等人强调当前金融犯罪中被害人的互动作用,但这种强调仅仅是为了影响对被追诉人的定罪和量刑,并未否认被害人地位的确认。

登记时,纷纷采用"集资参与人"这个称谓。① 也即用"集资参与人"这个综合性概念暂时替代"投资人"概念,等待案件分类时的进一步划分。

这个称谓的出现引起了投资者的恐慌,担心非法集资的款项会被认定为赃款而被上缴国库。② 这些担心所依据的法规是 2011 年 1 月 8 日最新修订后实施的《非法金融机构和非法金融业务活动取缔办法》第 18 条的规定"因参与非法金融业务活动受到的损失,由参与者自行承担"。因此,从字面意思理解,无疑会得出这样的结论:由于投资人等参与非法集资的行为本身具有不正当性,其受到高额利息回报的诱惑,同犯罪嫌疑人共同侵犯了国家的金融管理秩序,因此在案发后,如果资金难以追回,投资人、借款人等所受到的损失也不应得到保护。

而且,尽管《2014 意见》第五条接着规定:"关于涉案财物的追缴和处置问题,向社会公众非法吸收的资金属于违法所得。以吸收的资金向集资参与人支付的利息、分红等回报,以及向帮助吸收资金人员支付的代理费、好处费、返点费、佣金、提成等费用,应当依法追缴。集资参与人本金尚未归还的,所支付的回报可予折抵本金。"但是,这一规定并没有明确折抵

---

① 如新闻:《钱宝网用户,江苏公安机关喊你来登记》,载《江苏法制报》2018 年 1 月 22 日,http://jsfzb. xhby. net/mp2/pc/c/201801/22/c435096. html。
② 在互联网搜索"非法集资款项"时,会出现无数投资者此类提问的页面。

本金不足部分是否还继续受法律保护。

针对这些疑问,相关法律解释迅速做出了澄清。2015 年 9 月实施的《最高人民法院关于审理民间借贷案件适用法律若干问题的规定》第 13 条规定:"借款人或者出借人的借贷行为涉嫌犯罪,或者已经生效的判决认定构成犯罪,当事人提起民事诉讼的,民间借贷合同并不当然无效。人民法院应当根据合同法第 52 条、本规定第 14 条之规定,认定民间借贷合同的效力"。由于非法吸收公众存款罪中的"吸收"包括通过"借款"的方式向不特定公众募集存款,属于变相吸收公众存款的行为。因此,即便是借款行为涉嫌犯罪,也不能直接否定借贷合同本身有效,也即借款人/投资人的合法债权还可以通过民事诉讼得到支持。

在实践中,有统计结果显示,大多数省份都有将投资人作为被害人的判决(但具体比例很低),有的省份将投资人作为证人,也有的特意规避,使用"投资人、出借人、集资参与人"等中性词汇。① 但是这种统计将非法吸收公众存款和集资诈骗混为一谈,因此研究参考价值并不大。除此之外,鲜见其他研究澄清这一问题。② 为此,笔者对北京市若干检察院和法院刑

---

① 彭飞:《非法集资案"投资人"诉讼地位有待释明》,载《法人》2017 年第 8 期,第 70—71 页。

② 在各类数据库和网站上,在彭飞的短文之外,我只查到了三篇相关论述。一篇是海安市监局曲塘分局的警察发表在报纸上的短文,沈雪、林长锡:《如何看待非法集资案中投资人的法律地位》,载《江苏经济报》(转下页)

庭工作人员开展了访谈 ①,确认了之前有关犯罪法益的判断:在实践中,非法吸收公众存款案件被视为无被害人案件,"集资参与人"被视为"投资人",在刑事程序中获得"证人"的地位,不是当事人,两种身份不能交叉并存;②相反,集资诈骗罪

(接上页)2018 年 7 月 10 日第 B04 版,该文主张将所有非共犯的投资人均视为被害人。另一篇为吴小军、万兵的文章:《集资参与人及利害关系人的诉讼地位——以一起非法集资案为分析样本》,载《北理法学》(第 8 辑),世界知识出版社 2020 年版,第 320—334 页。该文也主张赋予集资参与人部分诉讼当事人的权利。第三篇是前引 2020 年山东省高院刑庭的调研报告,该报告明确反对赋予集资参与人被害人的诉讼地位,参见前引山东省高级人民法院刑事审判一庭调研组调研报告,第 176 页起。尽管可能没有穷尽查询,但这种显而易见的资料匮乏性也说明对这个问题大部分学者要么没有注意到,要么是注意到了,但却讳莫如深。原因可能是由于与该问题高度关联的刑事案件中的财物问题是个非常敏感的问题。同时值得注意的是,这些文章,尤其是直面"被害人"身份认定困难的文章的出现,都是在近期,这也说明了研究人员和司法机关直面问题的勇气在增加。

① 访谈对象要求匿名。但其讲述内容可以清晰解释现有司法现状的成因,具有较高的可信度。且吴小军、万兵的上述文章以及山东省高院的调研报告也表达了类似的观点:"现有制度设计不完善,刑事诉讼法没有像民事诉讼法一样设置诉讼代表人制度,如果在刑事诉讼中赋予集资参与人被害人地位,司法机关或将不堪重负,不具备接待和回应群体诉求的能力。"(《北理法学》(第 8 辑),北京:世界知识出版社 2020 年版,第 324 页。)"由于非法集资出资人数众多,有的案件达到几百万人,再加上此类案件卷宗证据材料繁杂,赋予其刑事被害人诉讼地位必然将大大加重司法机关的办案负担,影响司法效率,没有现实的可操作性和实践路径。"参见前引山东省高级人民法院刑事审判一庭调研组调研报告,第 181 页。

② 西方国家诉讼实践里的当事人也可以作为"证人",但我国对于证人和当事人的界定非常明确,身份不能交叉,尽管当事人和证人均可以接受交叉询问,但所享有的诉讼权利不同。

是有被害人犯罪,其中不涉及共犯的"集资参与者"可以获得
"被害人"的地位,而在我国,被害人是与被追诉人并列的当
事人。

那么,既然作为"证人"的"集资参与人"和作为"被害人"
的"集资参与人"都有获偿权,做这种区分还有什么必要呢?

访谈的结果符合根据法律规定所能得出的逻辑推论:由
于被害人是当事人,所以具有当事人所拥有的最基本的权利,
即出庭权和获得律师帮助的权利,以及要求公诉方上诉的权
利。在我国,针对刑事诉讼中的当事人,没有充分建立起民事
诉讼中的代表人制度,即所有当事人理论上都有权出庭。而
被害人在法庭上的坐席不是在旁听席中,而是在作为公诉人
的检察官身旁,并且除了直接参与质证,并可以被交叉询问之
外,还可以自主发言或由其律师代为发言。在非法集资案件
中,涉及的投资人数量往往非常庞大。如果都允许其以当事
人的身份出席法庭,且坐在公诉人旁边,不仅技术上难以实
现,容易导致庭审难以顺利进行,而且这些人作为财产受损的
苦主,难免情绪激动,大规模聚集难免形成群体事件,后果不
堪设想。而如果将其定位为普通投资者,只具有证人身份,效
果就大不一样了。首先,公诉方可以挑选证人出庭,也就是普
通投资者是否能成为证人也需要经过甄别和挑选。而在我
国,即使作为证人,也可以提交书面证人证言,实际出庭率极

低。① 第二,对于没有被选中作为出庭证人的没有被认定被
害人身份的普通投资者,只能推选诉讼代表人出庭旁听
庭审。②

　　此外,接受访谈的司法从业人员表示,是否被认定为"被
害人"很可能对投资者的心态产生重大影响。如果得到被害
人地位的认定,投资者对于投资返还的诉求会更有底气;而如
果这一身份得不到肯定,潜台词无疑是强调投资者的自身过

---

① 以上海市二中院 2018 年发布的《2016—2018 年刑事案件证人出庭作证审
　判白皮书》为例,2016 年至 2018 年,该院共审理一审、二审刑事案件 4049
　件,有证人出庭作证的仅为 45 件,共涉及出庭证人 49 人,占比 1.1%。这
　当中,一审案件证人出庭率和二审案件证人出庭率几乎完全一致(各占 22
　个案件,另外一个是抗诉案件)。参见:《2016—2018 年刑事案件证人出庭
　作证审判白皮书》,http://www. shezfy. com/book/bps/2018/p02. html。
　经济发达、司法较为开明的上海尚且如此,其他城市呢? 难怪有的基层刑
　庭法官曾说,从业十余年几乎没看到过证人出庭。参见新闻:"刑案证人出
　庭率何时不再是难题",中国经济网 2019 年 7 月 18 日,http://
　views. ce. cn/view/ent/201907/18/t20190718_32650690. shtml。
② 2019 年 1 月 30 日《关于办理非法集资刑事案件若干问题的意见》(《2019
　意见》)第 10 条关于集资参与推选代表人制度方面,做出了如下规定:
　"集资参与人可以推选代表人向人民法院提出相关意见和建议;推选不出
　代表人的,人民法院可以指定代表人。人民法院可以视案件情况决定集资
　参与人代表人参加或者旁听庭审,对集资参与人提起附带民事诉讼等请求
　不予受理。"尽管这里的"集资参与人"包含了非法吸收公众存款和集资诈
　骗中的投资人,但一旦在集资诈骗案件中将投资人认定为被害人,即使有
　该《2019 意见》,在面对关于被害人权利规定的更高位阶的立法《刑事诉讼
　法》时,实践中仍然无所适从,无法合理解释如果被害人都要求出庭,为何
　不允许所有被害人出庭的困局(当然,如果被害人放弃这一权利,适用上述
　关于代表人的规定是没有问题的)。因此最好的办法还是避免这种被害人
　身份的认定。

错,由此,在无法追还投资款的情况下,这种强调自身过错的
方式有助于压制投资者的怒火。在那篇沈雪、林长锡的短文
中,甚至直白地表达了这样的观点:"依据《2014 意见》,在非法
集资案中,投资人的法律地位可理解为'集资参与人',犯罪赃
款本应予以收缴。采取追赃后返还资金的措施,将这些人推
定为被害人,只是为了安抚群众,化解社会矛盾。……在现实
中发生的诸多非法吸收公众存款案件中,投资人往往在集资
者失踪或潜逃导致'血本无归'时,要求司法机关等部门为其
损失'买单',根本不正视、不考虑'高收益伴随高风险'的投资
规律。"[①]

在这种潜在的立法逻辑下,近年来非法集资案件倾向于
向非法吸收公众存款的认定靠拢的趋势就获得了合理的解
释。进而言之,之前笔者曾提到过若非为了实现金融垄断和
金融控制政策,非法吸收公众存款的罪名似乎没有独立存在
的必要,可以并入其他罪名之中的前设性观点。而如果结合
这种立法逻辑,则这个罪名在我国除了维护金融垄断和控制
之外,又获得了一个存在的有力支撑点:控制社会不安定的因
素,稳定司法和社会秩序。

[①] 沈雪、林长锡:《如何看待非法集资案中投资人的法律地位》,载《江苏经济
报》2018 年 7 月 10 日第 B04 版。

二、投资人被纳入共犯打击范围的可能性

和很多其他犯罪所不同的是,非法集资中的投资人往往和集资行为高度交织。因此,投资者除了在非法吸收公众存款罪中被认定为普通证人以及在集资诈骗中被认定为被害人之外,还存在着被认定为非法集资共犯的极大可能性。当然,对于共犯打击犯罪的过分扩大是不合适的,但如果要限缩打击范围,又会带来追偿诉求上的压力(被认定为共犯的投资者的投资将不受保护,因此共犯的减少意味着求偿诉求的增加)。在这种权衡过程中,由于在非法吸收公众存款罪的认定过程中,隐含着对投资人自身过错的更为强烈的谴责态度,因此即使投资人没有被纳入共犯范围,也会受到更大的威慑,对自身的追偿诉求和心理进行压制,进而在求偿行为上表现得相对消极:没有被归入共犯已经很幸运了,自己应该为自身的错误投资买单!此外,由于无需对"非法占有"的主观心态进行证明(尽管证明这一点在当下的立法规则下并非难事),对非法吸收公众存款罪的的成功指控和定罪将更为容易,也提供了一种更为灵活的选择。由此,检察机关进行指控时,以及司法裁判态度在考量合适的共犯成立范围的过程中,可能会更倾向于将一个非法集资行为认定为非法吸收公众存款罪,从而在限制共犯打击范围的同时,减轻巨大的投资人求偿带

来的司法和社会压力,同时减轻证明责任的压力。这些优势
尤其是在集资款难以追回的情况下表现得更为明显。此外,
共犯人的确定将直接影响犯罪数额的确定,从而影响对被追
诉人的量刑。

根据我国刑法第 25 条规定,共同犯罪是指二人以上共同
故意犯罪。抛开不同的共犯理论之间的差异性,笔者认为,立
法对共犯认定的核心原则就是:对犯罪行为有犯意联络,为犯
罪的实施提供了物理上或者心理上的支持,为犯罪的实施做
出了"贡献"。这里的共犯人当然既可以是自然人,也可以是
法人。但根据 2019 年《关于办理非法集资刑事案件若干问题
的意见》第二条的规定,"个人为进行非法集资犯罪活动而设
立的单位实施犯罪的,或者单位设立后,以实施非法集资犯罪
活动为主要活动的,不以单位犯罪论处,对单位中组织、策划、
实施非法集资犯罪活动的人员应当以自然人犯罪依法追究刑
事责任。"[①]在这里,为了集中讨论焦点,对于非法集资行为中
的共犯,本研究将不再讨论共犯人之间由于责任范围的不同
可能涉及的不同的定罪(罪名)和量刑等问题,只讨论非法集
资中可能成立共犯的范围,即哪些人可能会被纳入共犯的打
击范畴之中。

2010 年《最高人民法院关于审理非法集资刑事案件具体

---

① 也即不能再享受被认定为单位犯罪的好处。

应用法律若干问题的解释》第 4 条规定:"行为人部分非法集资行为具有非法占有目的的,对该部分非法集资行为所涉集资款以集资诈骗罪定罪处罚;非法集资共同犯罪中部分行为人具有非法占有目的,其他行为人没有非法占有集资款的共同故意和行为的,对具有非法占有目的的行为人以集资诈骗罪定罪处罚。"这一条强调的是共犯可能适用不同的罪名,没有直接涉及打击范围问题。其第 8 条继续规定:"明知他人从事欺诈发行股票、债券,非法吸收公众存款,擅自发行股票、债券,集资诈骗或者组织、领导传销活动等集资犯罪活动,为其提供广告等宣传的,以相关犯罪的共犯论处。"这里对非法集资共犯的认定强调"宣传性"①,即除了组织策划等集资活动的直接行为人(正犯)之外,共犯(帮助犯和教唆犯等)的成立仅限于"宣传",实际是对一般共犯理论在非法集资罪名中的限缩性适用。据最高人民法院的法官解释,这样的立法目的是:"集资犯罪多以单位名义实施,参与人员众多,为贯彻宽严相济刑事政策,有必要严格控制打击面,本着严惩首恶、教育协从的处理原则,对于积极参加人员的打击需要严格掌握,对外部帮助人员则一般不应追究"。② 也即严格控制犯罪打击范围。

---

① 因此,符合该规定的广告代言人也可能被纳入共犯范围。

② 刘为波:《〈关于审理非法集资刑事案件具体应用法律若干问题的解释〉的理解与适用》,载《人民司法》2011 年第 5 期,第 31 页。

2014 年《关于办理非法集资刑事案件适用法律若干问题的意见》第四条规定，"为他人向社会公众非法吸收资金提供帮助，从中收取代理费、好处费、返点费、佣金、提成等费用，构成非法集资共同犯罪的，应当依法追究刑事责任。能够及时退缴上述费用的，可依法从轻处罚；其中情节轻微的，可以免除处罚；情节显著轻微、危害不大的，不作为犯罪处理。"2014年的这个司法解释实际上大幅度扩大了非法集资共犯的认定范围，完全突破了以"宣传性"为打击边界的标准，趋同于一般共犯理论，但仍然留下了"情节显著轻微、危害不大的"这一酌定性出罪的口子。

2017 年《最高人民检察院管理办理涉互联网金融犯罪案件有关问题座谈会纪要》第 8 条第 2 款第 1 项、第 2 项专门针对中介机构成立共犯的可能性作出了规定：

"中介机构与借款人存在以下情形之一的，应当依法追究刑事责任：①中介机构与借款人合谋或者明知借款人存在违规情形，仍为其非法吸收公众存款提供服务的；中介机构与借款人合谋，采取向出借人提供信用担保、通过电子渠道以外的物理场所开展借贷业务等违规方式向社会公众吸收资金的；②双方合谋通过拆分融资项目期限、实行债权转让等方式为借款人吸收资金的。"由此进一步将打击范围向非实行行为的共谋行为扩大。

根据这些规定可知，对非法集资共犯人的确定，从一开始的严格限缩打击,发展到了遵循一般共犯成立的标准,并且不仅打击实行行为,而且打击共谋开展非法集资的预备行为,立法态度越来越强硬,共犯认定范围逐步扩大。而从理论上来说,由于非法吸收公众存款罪的成立无需考量是否具有"非法占有"意图,对共犯的认定会更为容易,投资人沦为罪犯的可能性更大。

但是,在非法集资行为和网络大规模结合的今天,很多集资公司扩大经营规模,招收大量员工吸收资金。而这数量庞大的员工团队中,如财务、客服人员等,是否都应当被认定为犯罪人值得商榷。一份实证研究表明,对于组织策划者之外的一般受雇佣员工共犯地位的认定,辩方律师提的最多辩护理由是职务行为,或无犯罪故意不成立犯罪,或者是起到次要作用应认定从犯。① 其实,2017 年《最高人民检察院管理办理涉互联网金融犯罪案件有关问题座谈会纪要》第 10 条也确立了"职务行为抗辩"和"信赖抗辩"原则:"对于无相关职业经历、专业背景,且从业时间短暂,在单位犯罪中层级较低,纯属执行单位领导指令的犯罪嫌疑人提出辩解的,如确实无其他证据证明其具有主观故意的,可以不作为犯罪处理。另外,实践中还存在犯罪嫌疑人提出因信赖行政主管部门出具的相关意见而陷入错误认识的辩解。如果上述辩解确有证据证明,

---

① 孟柳:《非法集资犯罪类案研究》,华东政法大学法律与金融硕士学位论文,2019 年,第 4 章,第 40 页。

不应作为犯罪处理,但应当对行政主管部门出具的相关意见及其出具过程进行查证……对于犯罪嫌疑人提出因信赖专家学者、律师等专业人士、主流新闻媒体宣传或有关行政主管部门工作人员的个人意见而陷入错误认识的辩解,不能作为犯罪嫌疑人判断自身行为合法性的根据和排除主观故意的理由。"但对于如何判断"从业时间短暂""层级较低"、单纯执行指令,还是有很大的自由裁量空间。在实践中,由于非法集资往往涉案人数众多,为了维护稳定,控制打击面成了一个必然选择。尽管"职务行为抗辩"和"信赖抗辩"在有些案件中并不成功,[①]而且在访谈过程中得知,在实践中,只要是集资公司或者主要集资组织者或策划者雇佣的业务组长、门店经理、区域经理、分公司或者总公司的工作人员,包括财务人员,一线业务人员都存在着被列入共犯范围的可能性,但是对后勤人员一般不以犯罪处理。这种处理模式也符合立法规定,同时也是非法集资案件暴增,导致控制手段适度从严的一个必然结果。

但是,对受雇佣的工作人员之外的帮助人的认定问题还是存在一些难点,比如对既是一般投资人,又是拉人头参与集

---

① 比如(2014)沪二中刑初字第 120 号案件,(2015)闸刑初字第 1260 号案件。在这两起案件中,被认定为共犯的客服人员都可以根据业绩进行提成,虽然对募集资金的具体用途并不清楚,但知道公司不具有向社会公众募集资金的资质。

资的人员的认定问题。早在 2010 年司法解释出台的时候,对于这批人员,最高法的法官就表明过态度,"集资犯罪案件有其特殊性,被害人同时也是资金提供者,其中对于非法集资行为的性质存在主观认识的不乏其人。而且,被害人与行为人经常交错重叠,先是自己获利,继而提供帮助,以及先是自己被骗继而去骗其他人的不在少数,此类人员通常不宜作为共犯处理。"①这一点基本在实践中得到了坚持,一般不会处理帮着拉人头的普通投资人。但是,有的投资人拉的人头太多,业绩比店员还多,还分到很多业绩提成。笔者认为对这类投资人应该考虑并入共犯范围,但要进行严格的个案审查,避免自由裁量权的恣意扩大化倾向。

三、投资人的法律地位对计算集资数额的影响

集资数额的计算涉及到两个方面的问题:一是影响量刑情节和量刑幅度;二是和法院最终认定的追缴返回数额具有高度关联性。而当投资人被认定为共犯的时候,将对集资数额的计算产生巨大影响。共犯认定的扩大化或潜在的扩大化可能一方面会压缩应返还资金的数额计算,另一方面对投资人的求偿心态形成进一步的压制。

---

① 刘为波:《〈关于审理非法集资刑事案件具体应用法律若干问题的解释〉的理解与适用》,载《人民司法》2011 年第 5 期,第 31 页。

（一）集资诈骗案件的数额计算

2010 年《最高人民法院关于审理非法集资刑事案件具体应用法律若干问题的解释》第 5 条第三款规定："集资诈骗的数额以行为人实际骗取的数额计算，案发前已归还的数额应予扣除。行为人为实施集资诈骗活动而支付的广告费、中介费、手续费、回扣，或者用于行贿、赠与等费用，不予扣除。行为人为实施集资诈骗活动而支付的利息，除本金未归还可予折抵本金以外，应当计入诈骗数额。"但即便有这个解释，关于"实际骗取数额"的认定仍然存在难点。

实际上，关于集资诈骗犯罪数额的认定，刑事司法实践中并无统一的标准。客观原因之一是，相比较其他金融犯罪而言，集资活动具有收益分次性的特点，即行为人在集资开始阶段，为了掩盖其非法占有的目的，欺骗更多的受害人，往往会以利息、分红等形式返还一部分资金给投资人。司法实践中往往会纠结于如下几种不同性质的数额：1. 总数额，即行为人通过非法集资活动获得的总数额；2. 实际所得数额，即行为人通过非法集资活动所得的总额，减去行为人在集资开始阶段为掩盖非法占有目的而返还给出资人的数额；3. 实际损失额，这是指被害人最终损失的财产总额；4. 实际获利额，即集资诈骗行为人所非法集资的总额除去返还给出资人的数额和自身投资失败损失的数额。① 按照这四种不同的标准进行计算得到的结果往往是不同的，尤其是当实际所得数额和实际损失数额出现计算矛盾时②，司法机关颇为头疼。

结合 2010 年《最高人民法院关于审理非法集资刑事案件具体应用法律若干问题的解释》，在返还对于"案发前已归还的数额"中的"本金"部分争议不大。因为(1)集资诈骗罪属于目的犯，应当从非法占有目的实现的角度来认定诈骗数额。所以"诈骗数额"，应以行为人实际骗取的数额计算。据此，集资诈骗犯罪当中已返还部分不应计入诈骗数额；(2)归还的行为已证实行为人对这部分资金没有非法占有目的；(3)被害人的财产也并未因此而受损。③

而对于归还的"利息"部分，由于我国在该司法解释颁行之初没有建立起类似于美国的"投资获利追返"的制度，为了稳定投资人的情绪，不会针对投资人的获利部分进行后期民事追偿，也即不会在会计学上计算投资亏损和投资盈利者的收支平衡。那么，对于投资盈利的放纵，就意味着对亏损者的

---

① 对于这几种计算模式的总结，参见阚吉峰律师：《集资诈骗犯罪案件数额辩护的要点与思路》，http://www.360doc.com/content/17/0926/20/873070_690400261.shtml。
② 尤其是在集资人本身账目不清或者投资人在案发后登记不足时，矛盾的产生是必然的。
③ 阚吉峰律师：《集资诈骗犯罪案件数额辩护的要点与思路》，http://www.360doc.com/content/17/0926/20/873070_690400261.shtml。

补偿全部出自所确定的犯罪数额——尽管理论上还可以通过
民事诉讼对超过犯罪数额部分的债权予以确认,但在经历了
前置于民事诉讼的刑事诉讼程序(包括通过刑事程序进行的
集资款返还)之后,集资者往往已没有剩余钱款可供执行。这
时,被害人的实际损失额极有可能和所确定的犯罪数额之间
有差异。如果将归还的"利息"也刨除在犯罪数额之外,几乎
可以肯定,被害人的实际损失将大于所确定的犯罪数额。但
我国司法的纠结之处在于,如果将案发前已归还的利息也计
算在犯罪数额之内,则不符合对诈骗罪所侵犯的财产法益的
估算原则,由此也违法了上述司法解释的"按实际骗取数额进
行计算"的精神。此外,集资诈骗罪的量刑幅度远高于非法吸
收公众存款罪,不排除利息的计算极易导致更大范围的重刑
适用。除非建立起对获利者的获利追偿制度,这一僵局才能
在一定程度上得到解决。

2014 年,这一制度终于初步建立。《关于办理非法集资刑
事案件适用法律若干问题的意见》第五条"关于涉案财物的追
缴和处置问题"规定:

"向社会公众非法吸收的资金属于违法所得。以吸收的
资金向集资参与人支付的利息、分红等回报,以及向帮助吸收
资金人员支付的代理费、好处费、返点费、佣金、提成等费用,
应当依法追缴。集资参与人本金尚未归还的,所支付的回报
可予折抵本金。

将非法吸收的资金及其转换财物用于清偿债务或者转让给他人，有下列情形之一的，应当依法追缴：

（一）他人明知是上述资金及财物而收取的；

（二）他人无偿取得上述资金及财物的；

（三）他人以明显低于市场的价格取得上述资金及财物的；

（四）他人取得上述资金及财物系源于非法债务或者违法犯罪活动的；

（五）其他依法应当追缴的情形。

查封、扣押、冻结的易贬值及保管、养护成本较高的涉案财物，可以在诉讼终结前依照有关规定变卖、拍卖。所得价款由查封、扣押、冻结机关予以保管，待诉讼终结后一并处置。

查封、扣押、冻结的涉案财物，一般应在诉讼终结后，返还集资参与人。涉案财物不足全部返还的，按照集资参与人的集资额比例返还。"

但是实践中仍然困难重重，已经获利的投资者根本不会报案，而集资者要么会计凭证本来就不足，要么在案发时有意隐匿或摧毁凭证，让证据链难以形成闭合状态。对于这些不报案的投资获利者，查找工作量庞大，而且往往无果。

（二）非法吸收公众存款案件的数额计算

对于非法吸收公众存款的案件而言，数额的计算处理方

式就简单得多了。不仅无法享受"案发前已归还的数额"在犯
罪数额中的扣除,而且根据 2019《意见》第五条第二款规定:
"集资参与人收回本金或者获得回报后又重复投资的数额不
予扣除,但可以作为量刑情节酌情考虑。"理由是,非法吸收公
众存款不属于占有型犯罪,也不属于结果犯,将已归还的数额
计入犯罪数额可以更为全面客观地反映非法吸收公众存款的
资金规模,更准确地判断其社会危害性程度。[1] 也即这种立
法所体现的逻辑是:非法吸收公众存款这个罪名的设置所保护
的是正常的经济金融秩序这一单一法益,每一次募集资金的
行为在实质上都被视为对于经济秩序的一次新的破坏。其实
质影响不仅在于被害人的投资损失,更要注意的是对社会造
成的整体影响。

　　需要注意的是,吸收公众存款的数额应为每次实际吸收
的金额之和,约定的利息不应计入犯罪数额。比如,对于实际
吸收资金 80 万元,约定利息 20 万元(实际投资人没有缴纳这
20 万),登记吸收资金 100 万元的,应当实事求是地认定吸收
存款 80 万元。[2] 也即这种特殊的事前扣除的"利息"不属于法
律规定的集资过程中"归还的数额"。

---

[1]　参见谭淼:《刑法规范精解集成》(第六版),北京:法律出版社 2018 年版,
第 285 页。
[2]　刘为波:《〈关于审理非法集资刑事案件具体应用法律若干问题的解释〉的
理解与适用》,载《人民司法》2011 年第 5 期,第 27 页。

总的来说,在这种认定方式下,所认定的犯罪数额一定高于或者至少等于需要返还的数额。但是,这种认定方式实际上并不关注投资者的损失究竟是多少。由此相比起集资诈骗罪而言,可能也并不特别关注具体的返还问题,或者说返还的具体数额存在着被模糊化的可能。

此外,法释[2010]18号第三条第三款规定:"非法吸收或者变相吸收公共存款,主要用于正常的生产经营活动,能够及时清退所吸收资金,可以免予刑事处罚;情节显著轻微的,不作为犯罪处理。"这一解释所体现的立法精神是:非法吸收公众存款的社会危害性主要体现在不能归还所吸收资金及由此所引发的社会稳定问题,因此如果能通过归还投资稳定投资人情绪,可以不以犯罪处理,从而为合法民间集资再次留了一个口子。

(三) 不计算在内的金额

根据2010年《最高人民法院关于审理非法集资刑事案件具体应用法律若干问题的解释》中的规定,非法吸收公众存款罪的对象为"社会公众,即社会不特定对象",未向社会公开宣传,在亲友或者单位内部针对特定对象吸收资金的,不属于非法吸收或者变相吸收公众存款。这一原则在高检诉【2017】14号文件中得到了重申,其11条规定:

"负责或从事吸收资金行为的犯罪嫌疑人非法吸收公众

存款金额,根据其实际参与吸收的全部金额认定。但以下金额不应计入该犯罪嫌疑人的吸收金额:

(1)犯罪嫌疑人自身及其近亲属所投资的资金金额;

(2)记录在犯罪嫌疑人名下,但其未实际参与吸收且未从中收取任何形式好处的资金。

吸收金额经过司法会计鉴定的,可以将前述不计入部分直接扣除。但是,前述两项所涉金额仍应计入相对应的上一级负责人及所在单位的吸收金额。"

按照这两个司法解释,被排除计算的金额包括三类:被追诉人本人的投资,其亲友的投资,所在工作单位内部员工的投资。而由于集资诈骗的犯罪构成是以非法吸收公众存款罪为基础的主观要件升格,尤其是对公众性的考量,因此笔者认为,上述和"社会公众"相关的关于被排除计算的金额的规定也适用于集资诈骗。

这里又延伸出两个问题:将亲友和单位内部职工的集资排除在集资款总额之外的理由和理论是什么?亲友和内部职工如何界定?

比较有代表性的一种解释是非法集资犯罪特性在于其社会公开性,因为在公开性的语境下,借款人有可能利用信息不对称的优势,使投资者在对于风险等信息不了解的情况下冲着高收益的噱头进行大量投资,而投资失败后,激愤的公众对于整个社会秩序都会造成不良的影响。反之,如果集资的对象特定,比如仅在亲友和单位内部员工实施集资,其相对信息对称性差异并不大,亲友和员工对于借款人的征信和单位集资项目的潜在风险往往都有较为充分的了解,并且人数范围有限,未收到投资回报一般也会理解,不会出现偏激行为,不会对整个社会秩序造成较大的影响。而且,非法集资犯罪的收益及追偿的不稳定性带来的是整个社会的不稳定性。而这些不稳定性都最初源自行为对象的不特定。因此,如果投资者特定,这种不稳定性也就不复存在。所以,亲朋好友以及特定同事所投资的资金不应当列入行为人犯罪数额之中。[①] 按照笔者的理解,这样的立法意图是为了在非法集资和合法民间借贷之间硬性划出一个界限,是司法对于民间借贷的一种模糊的让步。但是,亲友这个概念实在是不明确,也存在着随时扩大的可能性;而单位职工的概念更是会存在着被利用的风险,比如以吸收资金为目的,将社会人员吸收为单位内部人员,并向其吸收资金的行为。当然,对这类故意为之的行为,司法实践中有些判决不认定为可排除数额。[②] 但即便如此,也为过大的司法自由裁量权留下了巨大的空间。

在这样的司法压力下,2014 年最高人民法院、最高人民检

---

① 参见刘宪权:《刑法严惩非法集资行为之反思》,载《法商研究》2012 年第 4 期,第 119—126 页。
② 如吴某非法吸收公众存款案,上海市第二中级人民法院刑事裁定书,(2016)沪 02 刑终 153 号。

察院、公安部发布的《关于办理非法集资刑事案件适用法律若干问题的意见》第三条，对"特定性"作出了限制性规定：在向亲友或者单位内部人员吸收资金的过程中，明知亲友或者单位内部人员向不特定对象吸收资金而予以放任的，不属于"针对特定对象吸收资金"，应当认定为社会公众吸收资金。同时，以吸收资金为目的，将社会人员吸收为单位内部人员，向其吸收资金的，也应当认定为向社会公众吸收资金。五年后，2019 年《关于办理非法集资刑事案件若干问题的意见》第五条对此予以了进一步明确：

"具有下列情形之一的，向亲友或者单位内部人员吸收的资金应当与向不特定对象吸收的资金一并计入犯罪数额：

（一）在向亲友或者单位内部人员吸收资金的过程中，明知亲友或者单位内部人员向不特定对象吸收资金而予以放任的；

（二）以吸收资金为目的，将社会人员吸收为单位内部人员，并向其吸收资金的；

（三）向社会公开宣传，同时向不特定对象、亲友或者单位内部人员吸收资金的。"

在 2019 年的《意见》颁行之后，实际上只有被追诉人的个人投资能够被比较确定地排除在数额计算之内了。但这种确定性也并非绝对的。对此，还需要注意的一点是，根据高检诉【2017】14 号文件第 11 条的意图，在层级式集资模式中，对被追诉人个人投资数额的排除仅指在本层集资者的数额计算中排除，但要算在上一层集资者的集资数额中，从而达到对不同层级集资者适用差异化刑罚力度的态度。由于针对这个解释，各级司法机关的理解不同，由于没有进一步的司法解释，因此引发了一个问题：对于既是集资者又是投资人的集资共犯而言，其投资额既然被算入上一层级的集资数额中了，那么对于其投资损失是否要受到保护呢？对于这个问题，本来笔者个人认为很清晰：犯罪人的投资应视为犯罪投资，不予保护。【2017】14 号文件第 11 条的立法意图仅应理解为依据共犯在犯罪中的责任和犯意交叉程度做出不同的处理，和共犯投资的保护没有关系。但我们在和司法从业人员的交流中普遍发现了这个困惑：既然在上一层的集资数额中不扣除下一层共犯自己的投资，那么就意味着对于一个案件中集资总额的认定只扣除金字塔塔尖第一层级犯罪人的个人投资，这是否意味着下层共犯的个人投资需要保护呢？这个问题尤其在集资诈骗案件中更为突出，因为集资款的认定和对需要返还被害人数额的认定直接相关。笔者认为，如果按照这个逻辑，那么得出的结论是只对顶层共犯的个人投资不予保护，这不仅有违公平保护原则，也与普遍财产犯罪中对共犯在犯罪过程中投入的成本的态度相冲突。因此，在以量刑差异化为目标，确定个体共犯所涉及的犯罪数额的过程中，可以遵循第 11 条确立的方式计算不同层级的共犯所涉及的犯罪数额，但是在以投资人受偿为目的的定损过程中,所有共犯人的个人投资额均应当被扣除。

　　总的来说,相比起集资诈骗而言,以返还集资款为条件,留下了去犯罪化的可能①,处理方式更为灵活,更为强调集资款返还所带来的犯罪处理上的利益。在投资人要求返还集资款的诉求增大时,非法吸收公众存款的犯罪认定可以(1)否定非共犯投资人的受害人地位,进而否定其诉讼权利,同时对其自身过错予以隐含性强力谴责;(2)将相比于集资诈骗而言更大的共犯认定的可能性作为一把"达摩克利斯之剑"悬在投资人头顶(而且,相对于集资诈骗罪而言,非法吸收公众存款罪中丧失了受害人地位的普通投资人受到的威慑更大);(3)辅之以去犯罪化的诱惑;(4)通过(更便捷地)扩大共犯打击范围,缩小最终应返还的集资款额度(如果还有可返还额度的话)的计算结果;(5)相比起集资诈骗的指控而言,更加模糊犯罪数额的认定和应返还投资人投资数额之间的关联性。这些因素都会对司法者的裁判心理造成巨大的影响。

---

① 但是,值得一提的是,在笔者接触的非法吸收公共存款案件中,办案机关要求犯罪嫌疑人退赔的数额很难说经过准确的计算,因为基本均为整数,计算标准不明,随意性较大。当然,按照要求进行退赔的人员,尤其是业务员、前台等从犯,大多没有被起诉,甚至在公安机关侦查阶段就撤销案件了,但也因此很难获取准确的经过退赔没有被追究刑事责任的人员数字和比例。

四、受偿程序的困境进一步强化了对非法吸收公众存款罪认定的倾斜态度

非法集资案件在案发之后,在对涉案被追诉人进行定罪量刑的同时,最重要的问题就是对于涉案财产如何进行处置了。由于我国的非法集资案件涉及人群广泛、人数庞大、资金惊人,这个问题的解决程度直接关涉经济、社会,乃至政治稳定。在实践中,如果案发时资金链已经断裂,必然影响相关投资人和/或受害人的受偿。受偿的可能性越小,压制投资人求偿心理和求偿行为的需求就越大,以此维持当下的社会稳定。而如前所述,将案件认定为非法吸收公众存款而非集资诈骗有助于对求偿诉求的压制。

(一)"先刑后民"的程序规范对投资人求偿诉求的影响

投资者的投资返还或赔偿诉求涉及的应当是民事法律关系,而对非法集资者的定罪量刑则是刑事法律关系。在我国,当刑事法律关系和民事法律关系在相关案件中并存的时候,学术界通常将其称为"刑民交叉案件"。[①] 而自上个世纪 80 年

---

① 潘威伟、潘小玉:《刑民交叉案件审理顺序规则探究》,载《广西政法管理干部学院学报》2019 年第 11 期,第 61 页。

代开始,"先刑后民"的原则就已经确立下来了。除个别认为
"可视案件实际情况刑民并行"外,绝大多数都是在强调先刑
后民。①

2014 年施行《关于办理非法集资刑事案件适用法律若干
问题的意见》第 7 条分 3 款肯定了"先刑后民"原则在非法集资
案件中的适用:

"对于公安机关、人民检察院、人民法院正在侦查、起诉、
审理的非法集资刑事案件,有关单位或者个人就同一事实向
人民法院提起民事诉讼或者申请执行涉案财物的,人民法院
应当不予受理,并将有关材料移送公安机关或者检察机关。

人民法院在审理民事案件或者执行过程中,发现有非法
集资犯罪嫌疑的,应当裁定驳回起诉或者中止执行,并及时将
有关材料移送公安机关或者检察机关。

公安机关、人民检察院、人民法院在侦查、起诉、审理非法
集资刑事案件中,发现与人民法院正在审理的民事案件属同
一事实,或者被申请执行的财物属于涉案财物的,应当及时通

---

① 参见彭惠杰:《刑民交叉法律问题研究》,载《法制博览》2020 年 2 月(中),
第 92 页;于同志:《重构刑民交叉案件的办理机制》,载《法律适用》2019 年
第 16 期,第 3 页。当时相关的法律文件有:1985 年"两高一部"《关于即时
查处在经济纠纷案件中发现的经济犯罪的通知》、1985 年最高人民法院
《关于审理经济纠纷案件发现犯罪必须严肃执法的通知》以及 1987 年"两
高一部"《关于在审理经济纠纷案件中发现经济犯罪必须即时移送的通知》
等。

报相关人民法院。人民法院经审查认为确属涉嫌犯罪的,依照前款规定处理。"

而在该司法解释颁布之前,北大法宝①中有若干这方面的经典案例,以说明相关程序是如何展开的:

1. 吴国军诉陈晓富、王克祥及德清县中建房地产开发有限公司民间借贷、担保合同纠纷案②,判决要旨:民间借贷涉嫌或构成非法吸收公众存款罪,合同一方当事人可能被追究刑事责任的,并不当然影响民间借贷合同以及相对应的担保合同的效力。如果民间借贷纠纷案件的审理并不必须以刑事案件的审理结果为依据,则民间借贷纠纷案件无须中止审理。

2. 赵建国诉吴志良、方燕、卢建平民间借贷纠纷案③,判决要旨:借款人借款事实被生效刑事判决认定为诈骗,由此导致出借人与借款人之间订立的借款合同为无效合同。出借人作为受害人由此遭受物质损失的,(刑事)法庭应予以追缴或者责令退赔。法院未予以追缴或退赔,受害人可提起民事诉讼,要求赔偿自己的损失。

---

① 我国第一套法律查询软件,诞生于 1985 年,经过 20 多年的发展,现在已经获得了绝对的市场占有率。
② 最高法公报案例,【法宝引证码】,CLI. C. 43161,来源:《最高人民法院公报》2011 年第 11 期(总第 181 期),浙江省湖州市中级人民法院 2010 年 8 月 2 日二审案件。
③ 北大法宝经典案例,【法宝引证码】:CLI. C. 7253281,(2011)浙杭商终字第 1331 号。

　　3. 汪伯骏与林珍等民间借贷纠纷上诉案①,判决要旨: 借款人以借款为由实施违法犯罪行为时,犯罪行为已经由刑事判决确认,并且刑事判决中也对其借款作出退赔处理的,债权人再次提起民事诉讼,将不被法院支持。除非在经过刑事案件追缴或者退赔仍不能弥补损失时,债权人方可向人民法院另行提起民事诉讼,人民法院方可以受理。

　　4. 王克祥等与吴国军民间借贷纠纷上诉案②,判决要旨: 民间借贷涉嫌或构成非法吸收公众存款罪的,并不影响民间借贷合同以及相对应的担保合同的有效性,案件也无须中止审理,故司法实践中可以刑民并行。

　　5. 何金与张雪娟等民间借贷纠纷上诉案③,判决要旨: 在审理民间借贷纠纷案件过程中,法院认为借款人的借款行为可能涉嫌非法集资的,应当裁定驳回起诉,将有关材料移送公安机关或检察机关。若公安机关不立案或立案侦查后认为借款人的借款行为不构成犯罪,则出借人重新起诉,再行主张权利。

---

① 法宝经典案例,【法宝引证码】: CLI. C. 1593481,(2009)浙嘉商终字第 101号。
② 法宝经典案例,【法宝引证码】: CLI. C. 1762482,(2009)浙湖商终字第 276号。
③ 法宝经典案例,【法宝引证码】: CLI. C. 285261,(2009)浙台商终字第 289号。

6. 余关金诉董振亚等民间借贷纠纷案①,判决要旨:借款人犯非法吸收公众存款罪被定罪,但无证据证明借款涉嫌犯罪,担保人不能因此免除保证责任,出借人可通过民事诉讼的途径主张权利。

从上述案例的判决时间来看,主要集中在 2009—2011 年之间,在程序上基本明确确认或以隐性的方式确认了涉及民间借贷案件问题的"先刑后民"的做法,只有案例 5 认可可以刑民同时进行。但随着 2014 年司法解释的颁行,这种刑民同时进行的空间必然被大幅压缩。2014 年的司法解释在刑民交叉问题上适用的是"同一事实"标准,这个标准在 2015 年《最高人民法院关于审理民间借贷案件适用法律若干问题》中得到了重申,其第 5 条和第 6 条分别规定如下:

第五条"人民法院立案后,发现民间借贷行为本身涉嫌非法集资犯罪的,应当裁定驳回起诉,并将涉嫌非法集资犯罪的线索、材料移送公安或者检察机关。

公安或者检察机关不予立案,或者立案侦查后撤销案件,或者检察机关作出不起诉决定,或者经人民法院生效判决认定不构成非法集资犯罪,当事人又以同一事实向人民法院提

---

① 法宝经典案例,【法宝引证码】:CLI. C. 1738242,(2011)浙杭商终字第 512 号。

起诉讼的,人民法院应予受理。"①

　　第六条"人民法院立案后,发现与民间借贷纠纷案件虽有
关联但不是同一事实的涉嫌非法集资等犯罪的线索、材料的,
人民法院应当继续审理民间借贷纠纷案件,并将涉嫌非法集
资等犯罪的线索、材料移送公安或者检察机关。"

　　同时,通过第七条"民间借贷的基本案件事实必须以刑事
案件审理结果为依据,而该刑事案件尚未审结的,人民法院应
当裁定中止诉讼"的规定,发展出了"民事案件是否必须以刑
事案件的审理为前提"的辅助性标准。无论如何,"先刑后民"
作为一个总体性原则得到了反复确认,尤其是在集资类案件
中,以两个司法解释专门确认这一原则在特定类型案件中的
适用,是非常罕见的。这说明规范制定者们认为,在集资案件
中,刑事程序和民事程序的利益必然指向高度同一性事实,因
此不适用民事和刑事程序并举的例外规定。也即这种立法态
度强调在涉及"同一事实"时,刑事和民事判决需要具有一致
性,从而忽略了其实刑事和民事诉讼适用的是不同的证据规
则和证明标准,即便面对"同一事实",得出不同的结论也应该
是很自然的。

　　但是,这种司法解释的态度随着相关民事诉求的大量增

---

① 即肯定了针对不构成犯罪的行为,可以在刑事程序结束之后提起民事诉
　讼。

加出现了一些改变。尽管并非根本性改变，但起码更精细化了一些。2019 年 7 月，根据刘贵祥专委在全国法院民商事审判工作会议上的讲话判断，对这一标准的把握主要要综合考量三方面的内容：是否是同一主体实施的行为；刑事案件的受害人是否同时也是民事法律关系的相对人；民事案件争议的事实，是否同时也是构成刑事犯罪的要件事实。①

随后，最高人民法院于 2019 年 11 月 14 日颁布了《关于印发〈全国法院民商事审判工作会议纪要〉的通知》，其中的第 11 部分专门涉及了非法集资案件中相关的民事程序和刑事程序，除了重申"同一事实"（第 129 条）和"是否必须以处理刑事案件的结果为前提"（第 130 条）的原则外，它还专门列出了并非"相同事实"，应分别由民事和刑事程序处理（第 128 条）的情形：

（1）主合同的债务人涉嫌刑事犯罪或者刑事裁判认定其构成犯罪，债权人请求担保人承担民事责任的；

（2）行为人以法人、非法人组织或者他人名义订立合同的行为涉嫌刑事犯罪或者刑事裁判认定其构成犯罪，合同相对人请求该法人、非法人组织或者他人承担民事责任的；

（3）法人或者非法人组织的法定代表人、负责人或者其他工作人员的职务行为涉嫌刑事犯罪或者刑事裁判认定其构成

---

① 参见于同志：《重构刑民交叉案件的办理机制》，载《法律适用》2019 年第 16 期，第 4 页。

犯罪,受害人请求该法人或者非法人组织承担民事责任的;

(4) 侵权行为人涉嫌刑事犯罪或者刑事裁判认定其构成犯罪,被保险人、受益人或者其他赔偿权利人请求保险人支付保险金的;

(5) 受害人请求涉嫌刑事犯罪的行为人之外的其他主体承担民事责任的。

审判实践中出现的问题是,在上述情形下,有的人民法院仍然以民商事案件涉嫌刑事犯罪为由不予受理,已经受理的,裁定驳回起诉。对此,应予纠正。

同时,在重申"相同事实"的原则之后,第129条继续以非常罕见的方式解释了在这种情况下优先采用刑事诉讼程序的原因:"集资诈骗、非法吸收公众存款等涉众型经济犯罪,所涉人数众多、当事人分布地域广、标的额特别巨大、影响范围广、严重影响社会稳定,对于受害人就同一事实提起的以犯罪嫌疑人或者刑事被告人为被告的民事诉讼,人民法院应当裁定不予受理……"该条款还继续规定:"有必要防止对民事和商业审判的刑事干预,当地保护以及对商业环境的影响。对于与上述公共利益无关的民事纠纷,例如金融借款,有关经济犯罪,要求上述主体承担民事责任的,由人民法院受理。"

但尽管有这些关于"同一事实"的阐释性文件,但各地法院的理解仍然存在极大的差异。比如以笔者亲身经历的两个案情基本一致的案件而言,案件的主要情节均为集资人投资平台项目之后,平台集资金融产品销售人员以低价收购集资债权。当平台已经出现危机时,集资人为了规避风险,与销售人员签订了债权转让协议,将针对平台的债权转让给销售人员,销售人员取代原投资人成为平台的债权人。平台的非法集资案件案发后,销售人员拒付转让款,原投资人随即提起确认债权转让的民事诉讼。然而,针对同样的案情,在北京起诉的案件得到立案,法官认为债权转让协议和平台的非法集资犯罪不属于"同一事实",也无需以刑事案件的判决作为民事案件审理的基础,因此继续审理案件,并支持了债权转让的有效性和合法性。① 但完全一样的案件在云南昆明起诉,法官却认为民事案件的涉案事实与正在进行的非法集资案件是"同一事实",尽管涉及犯罪的刑事判决已经做出,但是对刑事案件中集资人的集资款返还程序还未开始,因此整体刑事程序并未完成,遂遵循先刑后民原则,判定驳回案件。②

　　而在刑事程序完毕后可能再提起的民事诉讼中,在合同效力认定问题上,尽管上述案例1认可了刑事犯罪并不当然影响民间借贷合同的效力,但审判实践中分歧还是很大。有观点认为,既然被告人行为被认定为集资诈骗罪或非法吸收公众存款罪,那么其所有的借款合同与担保合同均属无效。也

① 杨旭诉张晶案,初审及终审判决参见:(2016)京 0108 民初 5702 号;(2017)京 01 民终 3299 号。
② 吴祖娟等诉陈玉玲案,参见:(2020)云 0112 民初 1638 号裁定。

有观点认为,非法集资行为主要是因为向不特定的公众吸储才构成犯罪,而每笔独立的借贷行为并不构成犯罪,故每份借款合同与担保合同仍属有效,在主债务人无力清偿时担保人应承担约定的担保责任。[①] 这两种观点对涉及刑事犯罪的合同效力认定截然不同,也代表了审判中对刑民交叉问题的不同立场。

不过,尽管存在这些分歧,但可以肯定的是,实践中绝大部分非法集资案件中投资人的获偿都首先是通过刑事诉讼程序完成的,只有刑事诉讼退赔不足的,才有可能通过民事诉讼继续主张权利。[②] "先刑后民"是我国对公法利益的强调,并且认为可以通过公权力的强力行使来对受损的私权利益予以救济。这其实暗含着一种逻辑:在相关行为涉及犯罪时,对财产的民事救济路径弱于国家救济,可以被刑事程序所吸收;对于刑事程序都不能完成的救济,民事程序也很难完成;而且对于基于同一事实的后开的民事程序,需要以刑事程序的认定为基础。也即在这类案件中,我国的刑事诉讼不仅承担着定罪量刑的任务,还承担着民事财产救济的任务。同时,非法集资案件往往也不适用刑事附带民事诉讼程序,因为我国的民事

[①]　安徽省高级人民法院:《关于审理非法集资案件的调研报告》,载《人民司法》2016 年第 4 期,第 61 页。

[②]　当然,如果在刑事案发之前,民事程序已经完成,是一个例外。但如果已经生效的民事判决尚未执行时,刑事案件爆发,仍然会面临执行上的诸多困难。

附带程序的适用只限定于由于"被告人的犯罪行为所造成的物质损失"(刑诉101条),但这种物质损失排除了以财产为犯罪对象的情况(《刑诉解释》[《2012年最高人民法院关于适用〈中华人民共和国刑事诉讼法〉》的解释》]第138条),①因此在刑事案件中的救济单纯地表现为对犯罪财产的追缴和以追缴为基础的对投资人投入的返还(《刑诉解释》第139条)。

在这种制度背景下,可以预料的是,刑事程序中通过国家强制力都无法追缴的财产,即使投资人在之后的民事诉讼中胜诉,确实也很难得到有力的执行。此外,造成这种民事诉讼困境的还有一个很重要的因素:在刑事诉讼中,被追诉人的退赃、退赔②举动会被当做一种从轻的量刑情节③,因此即使在

---

① 比如,因故意伤害导致的被害人的医疗费用可以通过刑事附带民事诉讼在刑事程序里一并解决,刑事附带民事诉讼的本质还是民事诉讼,只不过为了节省司法资源,在刑事程序里一并解决不同的法律关系。但诈骗罪或者盗窃罪本来就是以财产为犯罪对象的,因此被诈骗或被盗窃的财产不属于附带民事诉讼解决的范畴,只能通过单纯的刑事诉讼的追缴和退赔程序进行救济。

② 退赃是指犯罪分子将犯罪所得的赃款或者赃物,直接退还被害人或上缴司法机关的行为("赃"是指被告人或者犯罪嫌疑人通过犯罪手段非法获取的赃物,包括金钱和物品);退赔是指犯罪分子因犯罪所得的赃物已被非法处置或者毁损而无法退还被害人原物,而采取折价或者直接赔偿被害人或者上缴司法机关的行为,即可能以其他非犯罪所涉财物进行赔偿。案发后,赃款、赃物仍然为被告人控制时,产生追缴(追赃)和退赔问题;赃款、赃物不复存在时,则产生责令退赔和退赔问题。

③ 对于集资诈骗而言,退赃、退赔额会直接从犯罪数额中核减,从而影响量刑幅度的适用。而对于非法吸收公共存款罪,尽管退赃、退赔不能(转下页)

集资款已经被消耗殆尽的情况下,仍然存在被追诉人及其家人和亲属积极筹款进行赔偿的高度可能;而当刑事诉讼已经结束,定罪量刑已经确定之后,即便投资人新提起民事诉讼,并胜诉,也通常会面临无财产可执行的局面。此时,往往已经在监狱服刑的集资人由于已经享受不到量刑的优待,更是没有动力四处筹钱赔偿投资人。

此外,根据2019《关于办理非法集资刑事案件若干问题的意见》第9条的规定:"查封、扣押、冻结的涉案财物,一般应在诉讼终结后返还集资参与人。涉案财物不足全部返还的,按照集资参与人的集资额比例返还。退赔集资参与人的损失一般优先于其他民事债务以及罚金、没收财产的执行。"①这也意味着刑事案件中被确定为集资参与人的投资人会享有相对于

(接上页)直接从犯罪数额中核减,但是却可以享受《2017年最高法常见犯罪的量刑指导意见》第三部分第8条和第9条的量刑核减,具体为:积极赔偿但未取得投资人谅解的,可核减30%以下;积极赔偿且取得投资人谅解的,可核减40%以下。但需要注意的是,非法集资案件不属于可以适用刑事和解制度的刑法第三章和第五章所规定的犯罪,以及可能判处7年以下有期徒刑的过失犯罪,因此不适用达成刑事和解之后的50%以下的量刑核减度。

① 但是,根据2014年《最高人民法院关于刑事裁判涉财产部分执行的若干规定》第十一条第二款和第十三条的规定,即使抵押物已被生效的刑事判决查封甚至没收,并不影响已经合法成立的抵押权优先受偿的效力。也即如果相关涉案财产涉及抵押权,对抵押权的保护将优先于对集资参与人的损失退赔。第十一条第二款的规定为:"第三人善意取得涉案财物的,执行程序中不予追缴。作为原所有人的被害人对该涉案财物主张权利的,人民法院应当告知其通过诉讼程序处理。"第十三条第一款规定:"被执(转下页)

通过民事诉讼确定的债权债务关系的优先受偿权，由此进一
步压制了民事诉讼的可行性。

　　但先刑后民的解决方式也有天然弱点。比如，在证明标

（接上页）行人在执行中同时承担刑事责任、民事责任，其财产不足以支付
的，按照下列顺序执行：（一）人身损害赔偿中的医疗费用；（二）退赔被害
人的损失；（三）其他民事债务；（四）罚金；（五）没收财产。"第二款接着规
定："债权人对执行标的依法享有优先受偿权，其主张优先受偿的，人民法
院应当在前款第（一）项规定的医疗费用受偿后，予以支持。"在现实中，抵
押权的形成多于银行贷款相关，尤其是房地产抵押。而根据《城市房地产
抵押管理办法》第 47 条的规定，有多个抵押权的，房地产抵押权优先。这
种优先性也显示了对银行的保护。最高法院刘贵祥、闫燕两位法官也认为
除应向刑事案件被害人支付的医疗费用外，对涉案财产享有的抵押权应当
优先于其他权利，包括优先于刑事退赔权利。参见刘贵祥、闫燕：《关于刑
事裁判涉财产部分执行的若干规定的理解与适用》，载《人民司法》2015 年
第 1 期，第 21—25 页。

　　此外，我国存在优先于一般债权受偿的其他权利：1. 有可能排在抵押
物权之前的受偿权利：（1）欠税在先（先于抵押权）的国家税收（《税收征收
管理法》[2015 年修订]第 45 条）；（2）划拨土地使用权出让金的收取权（在
我国，尽管地上物可以是私人产权，但土地所有权永远是国家的，国家可以
有偿限期出让使用权），参见《担保法》（1995 年）第 56 条；（3）相关司法费
用的优先权（包括司法评估等费用），参见最高人民法院关于人民法院执行
工作若干问题的规定（试行）（1998 年）第 49 条。2. 包括抵押权在内的所
有担保物权（比如质押权、留置权）（物权法第 170 条）。3. 位于担保物权之
后，先于普通债权的是建设工程价款。建设工程价款受偿从法律属性上
讲只是一般债权，但是法律的明文规定赋予了它不同于一般债权的性质，
甚至优先于担保物权而得到优先受偿的权利，从而获得了优先于抵押权等担
保物权的受偿顺序。参见《合同法》第 286 条及《最高人民法院关于建设工
程价款优先受偿权问题的批复》。4 船舶优先受偿权与民用航空器优先受
偿权，参见《中华人民共和国海商法》第 21 条、第 22 条及《中华人民共和国
民用航空法》第 18 条—第 24 条。需要注意的是，建筑公司、大型船舶公司
和航空公司多为国有企业，这可能就能解释立法目的了。

准的适用上,刑事案件的证明标准为排除合理怀疑,而在民事
案件中则为高度盖然性标准①,且证据规则的适用显然也不
同。以刑事案件证明的高标准适用于赔偿救济,并进而限制
了之后民诉提起的可能性,显然存在较大的问题。另外,正如
于同志的文章所指出的:"在犯罪嫌疑人潜逃而长期无法归案
时,如果刑事案件的处理迟迟不能有结果,那么受害人的权利
就会因为'先刑后民'原则而无法得到及时救济。此外,'先刑
后民'还可能被某些人恶意利用,成为干涉民事案件或者寻求
自身不法利益的'挡箭牌'。比如,利用'先刑后民'原则将正
在进行的民事或经济纠纷案件中止,已成为地方保护主义干
预经济纠纷的一个重要借口。"②

　　进而言之,美国"投资获利追返"存在的基础是可以与刑
事程序同时进行的民事企业破产清算和信托程序,③但是在我
国,基于"先刑后民"原则,涉及非法集资的企业在刑事程序完

---

① 2001 年《最高院关于民事诉讼证据的若干规定》第 73 条确定了这一证明
　标准,结束了之前刑民证明标准趋同的历史。该规定已于 2019 年 10 月修
　订,并于 2020 年 5 月 1 日起实施。其对 73 条做出了删除,并罕见地出现
　了"排除合理怀疑"的字眼(第 86 条)。但仅仅是针对欺诈、胁迫、恶意串通
　事实的证明,以及对于口头遗嘱或赠与事实的证明。在 2021 年施行的《关
　于适用〈中华人民共和国民事诉讼法〉的解释》中优势证据标准还是被保留
　了下来。
② 于同志:《重构刑民交叉案件的办理机制》,载《法律适用》2019 年第 16 期,
　第 4 页。
③ 参见 David R. Hague, *Expanding the Ponzi Scheme Presumption*, 64
　DEPAUL L. REV. 867(2015).

成之前将无法进入破产清算程序。而根据我国《企业破产法》第十六条："人民法院受理破产申请后,债务人对个别债权人的债务清偿无效",刑事判决追缴破产企业财产,对刑事受害人以通过追缴和赔偿的方式以挽回其损失,但这对其他债权人造成严重的不公平,违背了破产法集中公平清偿债权人的基本功能,是刑法与破产法的冲突。

(二) 退赔效果的实践考察

在当前的体制下,刑事诉讼中对于涉案财产的处置会涉及公安、检察院、法院以及地方政府,甚至人民银行、工商总局、法制办、银监会、证监会、保监会等多个部门的联动。[①] 但也因为涉及部门太多,职责并不太明确,甚至会产生重叠和缠绕状态,难以避免部门利益的纠缠。就整体受偿效果而言,可以参考于同志的文章。他是以一名最高法刑二庭审判长的角度写的,尽管在涉及刑事退赔现状的时候可以理解地用语模糊,但从他的描述中可见当下受偿情况的困难局面:"但从实际看,刑事判决涉及追缴或退赔的,一般执行率都不高(这里有多方面的原因)。"[②] 而且他认为"如果仅因为被告人没有偿

---

① 参见《非法金融机构和非法金融业务活动取缔办法》第三章和第四章的内容。
② 于同志:《重构刑民交叉案件的办理机制》,载《法律适用》2019 年第 16 期,第 4 页。

付能力而无法执行,受害人应当直接向法院申请强制执行,而不应当允许其就同一损失再向法院提起民事诉讼",因为纯属"浪费司法资源和当事人的成本。"[1]这段话侧面可以解读为其对另行提起民事诉讼最终获赔的可能性也同时表现出了极度悲观的态度。

对刑事退赃、退赔实际执行效果很难得到精确答案,只能限定某个年份查询以见一斑,在以"非法吸收公众存款""执行""2018 年"为限定词在中国裁判文书网上的查询结果得到585 份执行文书,笔者按照裁判文书自然显示的顺序无甄别性选取了 60 个案件(大约占 10%),打开每份文书查看详细内容,发现有 8 份文书列明"本案被执行人目前没有其他可供执行的财产,本次执行程序无法继续进行,可予以终结,本院在任何时候发现被执行人有可供执行财产的,将依法予以追缴。"即 13.33% 根本无财产可供执行,另外 46 个案件和返还投资人投资的执行无关,大约占选定案件的 76.67%。在剩下的 6 个裁定中(占选定文书的 10%),返还投资人情况分别为——裁定 1:集资额度 10 万元,无法返还数额为 7.962 万元[2],返还比例 20.18%;裁定 2:非法集资数额为 63.7 万元,

---

[1] 于同志:《重构刑民交叉案件的办理机制》,载《法律适用》2019 年第 16 期,第 4 页。

[2] 邓玉贞与张忠彦执行裁定书,(2018)苏 0281 执 8164 号。

尚有 54.3548 万元无法返还①,返还比例为 14.67%;裁定 3:集资数额 150000 元,无法返还 132439 元②,返还比例为 11.71%;裁定 4:集资数额 10 万元,无法返还 9.2963 万元③,返还比例为 7.04%;裁定 5:集资数额 88.2 万元,无法返还数额 80.631 万元④,返还比例为 8.58%;裁定 6:集资数额 27.6 万元,无法返还数额 22.6241 万元⑤,返还比例为 18.03%。

这些数据可以发现一个特征,裁判文书网公布的返还性执行案件占比总体较小,由于很多执行裁定只涉及一个投资人,因此每个执行案件单个来看涉及的标的都不大。需要注意的是,这 6 个执行裁定中有 5 个涉及的被执行人都是同一人——张忠彦,这说明这 6 个执行裁定都源于同一个集资案件。在这 6 份执行裁定中,每一份文书中的相对的债权人都只有 1 人(在执行裁定的标题名称中,名字在前的是债权人,在后的是被执行人),都是在(2016)苏 0281 刑初 341 号刑事判决书生效,并进行第一批集资款返还之后,又发现集资人的其他犯罪赃款后进行的第二批按比例返还中的若干执行裁定。⑥ 也

---

① 王凌云与张忠彦执行裁定书,(2018)苏 0281 执 7412 号。
② 陆耀与蒋建良执行裁定书,(2018)苏 0585 执 2437 号。
③ 严乐耕与张忠彦执行裁定书,(2018)苏 0281 执 5254 号。
④ 李群英与张忠彦执行裁定书,(2018)苏 0281 执 6480 号。
⑤ 谢维军与张忠彦执行裁定书,(2018)苏 0281 执 5058 号。
⑥ 在这同一个案件中,针对不同债权人出现最后总返还比例不同的原因应该是:在案发前集资人曾经对这些投资人有过返还行为,而且针对每个投资人的返还额度不同。因此,如果抛开案发前的返还金额,通过诉(转下页)

即大量执行案件的裁定是针对每个债权人分别进行的,实际
上是源于同一集资案件。因此实际上60个裁判文书中涉及返
还的不同案件只有2个,也即大量案件的受偿尚未充分展开。
由此可以大胆估测,整体集资金额更大,涉及人员复杂案件的
退赔处理大多更加困难,且程序漫长。而且巧合的是,这些随
机查询的受偿案件都集中在浙江省。这可能一方面说明该省
此类案件总体数量较多,另一方面说明该省的退赔程序的公
开化和透明化都走在全国前列。

此外,对个别数额较大的退赔示范性案件的退赔比例,判
决也予以了公布。比如东方创投非法集资案,投资人本金还

（接上页）讼返还的比例应该比上述裁定显示得更低。对一个案件执行全
貌的了解只能通过观察个别大案的执行公告获得。这些公告中会列明涉
案可执行的所有财产[如(2018)粤0305执3273号执行公告,公告内容为:
将登记在案的现金人民币192306714.68元及利息依法发还被害人;冻结
在案的中国宝安股票、欣旺达股票按市场价格变卖后,所得款项依法发还
被害人。因上述生效刑事判决未载明本案各被害人(集资参与人)的基本
信息等情况,本院拟向社会发布公告,由本案被害人在公告期内向本院进
行申报,再依据申报情况作出上述款项的发还分配方案……],有些案件还
会随公告另行列出执行方案(如下注)。但执行公告一般不列入裁判文书,
因为不属于裁判文书,一般都是刊登于国家级报刊进行发布。从这个角度
而言,研究时只能逐案查询,难度较大。再者,法院并不把所有受理的案件
都登报,只有在特殊的情况下才使用公告形式,如集资案件中所登记的被
害人或投资人不明确、不完整,法律文书无法送达。这就意味着绝大多数
案件的整体执行情况是无法查询的。

剩 48.7％,庭审历时 9 个月[1];铜都贷非法吸存案,投资款按 12.3％的比例退赔,庭审历时 14 个月[2]。而其他大量案件的数据则淹没在黑暗之中。

这一实践考察的结果也得到了 2018 年《中国金融司法报告》的佐证。根据该报告的统计数字,多数案件的资金返还比例在 10％—30％左右,多数投资人的财产无法挽回。[3] 如果这个态势持续下去,对社会稳定的影响不可估量。

---

[1] 邓亮、李泽明非法吸收公共存款罪一案执行公告,(2014)深罗法刑二初字第 147 号。该案的分配方案显示,扣划在案的金额为 25217034.7 元,实际未归还投资人本金 51771835.73 元;返还比例为 48.7％(计算方式:扣划在案的金额/实际未归还投资参与人本金×100％ = 25217034.7 元/ 51771835.73 元×100％＝48.708％)。

[2] "法院公告:铜都贷近亿元损失退赔 12.3％",涉及投资人 1682 名,近 1 亿元的经济损失,可执行财产为 1200 万。公告标题为:铜陵苏信投资管理公司陈玉根、吴晓军非法吸收公共存款罪刑事裁判涉财产部分执行退赔方案。https://www.wdzj.com/news/pingtai/25389.html。

[3] 转引自前引山东省高级人民法院刑事审判一庭调研组调研报告,第 178 页。

结　语

　　金融犯罪的刑事立法在我国的刑法体系当中一直占据着重要的地位。刑法典虽然历经数次修正，每个罪名的罪状都越发清晰而逐渐趋于稳定，但刑法肆无忌惮地介入金融法领域的态势并未减弱，这一现象早已引起了诸多学者的反思。[①] 这一点在刑法对民间集资行为的控制上表现得尤其明显，我国对民间集资的控制源于传统的金融控制主义和对国家资本的保护，这个立场以及与之长期存在的严重的金融二元化在市场经济发展的今天已经表现出了诸多不适应，为了发展经济，立法试图做出一定的让步，然而，这种让步数十年间总是表现出犹豫性和不稳定性。时至今日，刑

[①] 参见姚万勤：《民间融资刑法规制的具体面相与趋势前瞻》，载《金陵法律评论》2015 年秋季卷，第 144—165 页；王利宾：《论民间融资刑法规制的基本立场》，载《警学研究》2019 年第 6 期，第 82—89 页；何昊：《我国民间融资刑法规制体系的构建与完善》，载《法治与社会》2018 年第 1 期（下），第 83—85 页。

法仍然以集资诈骗和非法吸收公众存款等罪名对民间融资保持着高压态势,尤其是近年来,为了应对爆炸式增长的非法集资,新规的出台越来越频繁,但即使不能说收效甚微,也是效果不明显。刑事法律始终没有对民间融资入罪的条件和犯罪的构成根据融资方式做出必要的区分,比如直接融资方式和间接融资方式,也没有对具体融资的特点做出总结,比如是净值型资产运作方式,还是极易产生庞(不知道全书要不要统一)氏骗局的非净值型资产运作方式,而是简单地将大量具有公开向公众募集资金特点的行为一并纳入打击范围,并采取机械的以投资人数或投资数额作为入罪标准的刑事干预的操作规则。在这种立法和司法态度的背景下,有些在西方属于合法的民间融资行为必然会遭到打击,被纳入犯罪领域。

更为危险的是,由于法律规定的犯罪构成要件要素十分相似,从相对较轻的非法吸收公众存款罪名升格到集资诈骗的重罪处罚,界限非常容易被跨越。但从实践考察来看,尽管被认定为非法集资的行为和案件一直处于上升状态,近年来随着新金融方式和集资的深度结合,甚至呈现出大规模爆发状态,但相应的罪名认定却越来越倾向于非法吸收公众存款罪,集资诈骗罪的认定增长幅度反而在一定程度上呈放缓趋势。这一方面可能是我国从重刑主义向刑法和刑罚谦抑化演进的一个表现①,但实际上很重要的原因是：在司法者看来,对非法吸收公众存款罪名的适用可以起到稳定社会的作用。由此,非法吸收公众存款罪的存在价值除了维持现有的金融控制主义之外,以一种迂回的方式被赋予了化解投资者愤怒的奇特作用。

　　总的来说,现行的刑法立场在很大程度上堵死了民间借贷的路径,无论是公募资金还是私募资金,无论募资之后的用途是开展银行业务,或类银行业务,还是开展实业。但是这一立场又与民事领域的相关立法产生了深刻的冲突,当然,这种冲突也表现出了政府在面对民间借贷问题时的内心冲突。但市场经济的多元创新性趋势并未减弱我国刑法对民间融资的打击力度,反而加大了这种冲突。其必然结果就是：一方面,民间融资在夹缝中生存,战战兢兢,如履薄冰；另一方面,金融供需失衡的长期存在以及对供需失衡的失范状态调整手段的滞后性和不科学性反而使得真正的犯罪主体产生了"对制度的无视"②,野蛮生长。同时,逻辑上也存在着将本来合法的融资行为"逼反"的高度可能。

　　在庞大的非法集资案件量面前,人们必然会追问的问题

---

① 但总体而言,我国重刑主义传统的影响仍然深重。参见严磊、梅传强：《重刑观念的现代省思》,载《行政与法》2018 年第 9 期,第 108—117 页。
② 关于这种高压下产生的无视制度规范的反向犯罪心态,参见王利宾：《论民间融资刑法规制的基本立场》,载《警学研究》2019 年第 6 期,第 82—89 页。

是：现行制度除了对民间借贷市场和经济的深刻影响之外，所涉及的庞大的投资人群体后续利益的保护，主要是集资款的返还，情况又会如何呢？我国现在在不同案件的处理程序上总体奉行先刑后民原则，尤其在非法集资案件中更是如此，对于非法集资者的定罪量刑和对投资者集资款的返还基本都是通过刑事程序确定和完成的，民事诉讼在这类案件中显得羸弱无力。这种程序机制尽管在理论上具有国家公权力保障私权救济的强势性，但在具体运行过程中也矛盾重重，现实中投资者获偿状况堪忧，当然，造成这种返还困难的可能并非程序问题，或者说可能并非只有程序性问题，但不可否认的是，司法程序的设置对此产生了一定的负面作用。而返还的困难无形中又强化了司法判决对非法吸收公众存款罪认定的倾向性。

从相关立法的历史发展脉络来看，对民间融资的逐步宽容和肯定是个大趋势，那么，刑法介入民间融资活动就应该有更为明确的立场——规范和促进民间资本的流动，而不是在禁锢和放任两极逡巡。针对间接融资进行类似于金融机构的层级化管理，同时针对一定数额以上的所有直接和间接融资行为进行登记管理，紧密关注和追踪以非净值型融资方式进行的融资活动，进一步敦促个人和企业信用制度的建立和完善，可能是未来制度变革和发展的一个良性路径选择。如果民间融资进入良性循环，至少非法吸收公众存款罪名会丧失其存在的根本理由——金融控制及社会维稳,相应的集资诈骗罪名可能也会进行调整,要么改变犯罪构成要件的设定,不再以集资公开性和公众性为判断基准,而更加趋向于诈骗罪的基本构成要件要素,要么直接并入其他金融类或诈骗类罪名之中。

　　非法集资的制度现状对民间融资和企业的影响只是一个方面,对投资个体的影响也值得高度关注,而后者已经和前者相互影响,深度交织在一起了。这其中最重要的问题就是对于非法集资款项的投资返还问题。对于提高返还率,最大可能地减小投资人的损失而言,除了程序的变革之外,笔者认为最重要的是准确追查每一笔款项的流转,同时加大境外追逃和追赃力度,并完善相应的机制,这里面的黑洞可能是难以想象的,也许涉及众多利益和利益集团,但利益链的破除或许反过来会对刑法针对民间融资的积极介入产生巨大的反作用,因此,这也是未来制度向良性发展将要面临的最大挑战。

图书在版编目(CIP)数据

民间融资的刑法规制及司法现状/韩阳著.—上海:上海三联书店,2021.7
ISBN 978-7-5426-7465-4

Ⅰ.①民… Ⅱ.①韩… Ⅲ.①民间-融资-刑法-研究-中国 Ⅳ.①D924.334

中国版本图书馆 CIP 数据核字(2021)第 123764 号

民间融资的刑法规制及司法现状

著　者 / 韩　阳

责任编辑 / 郑秀艳
装帧设计 / 一本好书
监　制 / 姚　军
责任校对 / 王凌霄

出版发行 / 上海三联书店
　　　　　 (200030)中国上海市漕溪北路 331 号 A 座 6 楼
邮购电话 / 021-22895540
印　刷 / 上海惠敦印务科技有限公司

版　次 / 2021 年 7 月第 1 版
印　次 / 2021 年 7 月第 1 次印刷
开　本 / 890mm×1240mm　1/32
字　数 / 150 千字
印　张 / 6.5
书　号 / ISBN 978-7-5426-7465-4/D·504
定　价 / 50.00 元

敬启读者,如发现本书有印装质量问题,请与印刷厂联系 021-63779028